eビジネス新書
No.360

週刊東洋経済

定年消滅

週刊東洋経済 eビジネス新書　No.360

定年消滅

本書は、東洋経済新報社刊『週刊東洋経済』２０２０年１０月１７日号より抜粋、加筆修正のうえ制作しています。情報は底本編集当時のものです。（標準読了時間　９０分）

定年消滅　目次

・70歳現役社会がやってくる……1
・「70歳定年法」の留意点……3
・〈Q&A〉今から企業が準備することは?……11
・家電量販店ノジマが「80歳まで働ける」を宣言……19
・定年消滅を促す3つの要因……27
・INTERVIEW　伊藤忠商事名誉理事・元駐中国大使　丹羽宇一郎……40
・「定年なんて要らない　仕事と努力は永遠に続く」……40
・シニア活用　定年後も働きたい職場……47
・建設業で始まるシニア争奪戦……67
・INTERVIEW「政府による定年延長は百害あって一利なしだ」(郡山史郎)……71
・70歳現役社会のマネープラン……75
・リスク抑えるシニア起業……83

・シニアの求人ここにあり……88
・再出発のための学び直し……95
・INTERVIEW　作家・五木寛之……102
・「残り50年は豊穣なる下山　濁世にも生き方がある」……102

70歳現役社会がやってくる

2021年4月に、企業に対して70歳までの就業機会の確保を努力義務とする「改正高年齢者雇用安定法」（通称・70歳定年法）が施行される。

まだ完成形には至らないが、70歳定年法の導入は、この国が目指す方向を明確に示すものである。人手不足の解消や社会保障制度の維持のためには、高齢者も今以上に長く働かなければならない。政官財がそろって「人生100年時代」を唱えるのも、そんな社会的な要請があるからだ。

70歳現役社会の幕開け。例えば男性の平均寿命は約81歳で、それより短い健康寿命を考えれば、私たちは実質的に生涯現役社会の入り口に立ったとみるべきだろう。

どちらにしても、もう「60歳＝定年」の固定観念はなくなっていく。さらに一歩進んで、そう遠くない将来、定年という言葉自体、意味を成さなくなる日がやってくるのだろう。「定年消滅」の日である。何歳であっても働ける人は働き続ける。そんな実にシンプルな社会が目の前に迫っている。

70歳現役社会、その先にある生涯現役社会を見据えて、雇用制度を抜本的に見直す大手企業も現れた。家電量販店のノジマは全社員を対象に雇用契約の上限年齢を現在の65歳から80歳に引き上げる。「65歳までの引退はこの時代に合っていない」と野島廣司社長は断言する。上限年齢の引き上げは、ほかの小売業にも広がりつつある。

働き手の視点も重要だ。「働かされる」のでは、おそらく個人と企業の双方にとって不幸な結末になる。「ハッピーリタイアメントなんてものはない。人生は仕事そのもの」。元伊藤忠商事会長の丹羽宇一郎氏の言葉は明快だ。ただ、10人中10人がそこまで割り切れるものでもない。背中を押してくれるような仕組みも必要だ。

本特集では、「定年消滅」に向かうこの国の姿、新しいライフスタイルの選択肢を伝える。

2021年4月改正法がスタート

「70歳定年法」の留意点

「改正高年齢者雇用安定法」、通称「70歳定年法」が2021年4月1日から施行される。

「社会保障費の増大や少子高齢化は喫緊の課題。医療の発達などで健康なシニアは増えている。努力義務とはいえ法改正が行われたのは、高齢者にも活躍してほしいという、国からのメッセージ」と、弁護士法人ダーウィン法律事務所代表弁護士の岡本裕明氏は語る。

現行制度では全事業主に3つのうちいずれかの高年齢者雇用確保措置を義務づけていて、25年に経過措置が終わる。改正法施行後は、5つのうちいずれかの高年齢者就業確保措置が努力義務となる。

ただし、同じタイミングで厚生労働大臣は、必要に応じ事業主に対して指導したり、措置の実施に関する計画の作成を勧告したりすることが可能となる。70歳未満で退職する高年齢者については、事業主が求職活動を経済的に支援するなど再就職援助措置を講じる努力義務、また多数離職届出義務の対象になり、年1回は実施状況を国に報告しないといけない。「努力義務で罰則規定はないが、監督されるに等しい内容」と岡本氏は話す。

現行制度と改正後の比較

（改正後は①～⑤のいずれかを実施）

現行 65歳まで・義務

1. 65歳までの定年引き上げ
2. 65歳までの継続雇用制度の導入
3. 定年廃止

改正後 70歳まで・努力義務

1. 70歳までの定年引き上げ
2. 70歳までの継続雇用制度の導入
3. 定年廃止
4. 高年齢者が希望するときは、70歳まで継続的に業務委託契約を締結する制度の導入 ※
5. 高年齢者が希望するときは、70歳まで継続的に
   - a. 事業主自ら実施する社会貢献事業 ※
   - b. 事業主が委託、出資（資金提供）などをする団体が行う社会貢献事業

   に従事できる制度の導入※

※過半数組合・過半数代表者の同意を得て導入

（出所）厚生労働省の資料を基に作成

先の表で①と②は改正後に、現行制度の年齢が5歳上にスライドするようなもの。「現行では8割近くの企業は65歳までの継続雇用制度を採用している。今回も同じことが予想される」（岡本氏）。

一方、③の定年廃止は現行制度でも採用企業は3％弱と最も少ない。定期昇給の会社がこれを選ぶと人件費がかさみ退職のタイミングも把握しづらい。賃金や退職金制度の変更も手間がかかり、改正後も少数派の可能性は高い。

「すでに継続雇用制度を導入している企業が改正後も同様の措置を選ぶと、最長で10年間の再雇用になりかねず、さすがに不自然。賃金が下がるケースがほとんどで、労働者にも不利だ。これを機に、定年を65歳に引き上げる企業は増えるかもしれない」（岡本氏）

「過去の法改正だと、努力義務とはいえ大企業は将来の義務化を見据えて早急に対応を始めており、高齢者雇用に積極的な中小企業も同様。そうでないところは、後回しにしやすい」と指摘するのは、社会保険労務士法人ヒューマンリソースマネージメント代表社員で特定社会保険労務士の馬場栄氏だ。

改正後も60歳の定年は変わらず、国による強制力はないが、「通例であれば、義務化の流れになる可能性は高い。大手はそれを踏まえた対応をするだろう。現行制度でも助成金が用意されているが、改正に合わせたメニューも、近く具体化するだろう」（馬場氏）。

今回は創業支援等措置（雇用以外の措置）として、高年齢者が希望すれば企業と業務委託契約を結んだり、事業主自ら、または委託、出資などをする団体が実施する社会貢献事業に従事する制度の導入も加わった（④と⑤）。「過半数の組合、過半数の代表者の同意を得ないと導入できないが、選択肢が増えると企業は柔軟に対応できる」（岡本氏）。

業務委託契約だと、労働者は企業と交渉のうえ、労働時間も含めて自分のペースで働きやすくなる可能性があり、「企業は労働時間や社会保険の管理がなくなり、負担が減るのは確か」（馬場氏）。

関連するNPOなどでの勤務を勧めるといったことも可能だ。「大手企業は社会貢献事業に携わっていることが多く、これに配慮した措置と考えられる」（馬場氏）。

今回の改正は、公的年金制度などの改正が伴うのもポイントだ。「高齢者雇用と年金制度の改正はセットになりやすい。2022年4月からは、60〜64歳の特別支給の老齢厚生年金の支給停止額が月28万円から47万円に引き上げられる。就労の後押しが狙いだ」（馬場氏）

同じタイミングで「在職定時改定制度」も導入されることで、在職中の老齢基礎年金の受給者も、納めた保険料を年金額に反映しやすくなる。25年度からは、高年齢雇用継続給付の給付率も縮小。「雇用形態に関係なく、企業には公正な待遇が求められる」（馬場氏）。

労働者のメリットとは？

法改正のメリット、デメリットは、次図のようにまとめられる。

■企業・労働者のメリット・デメリット

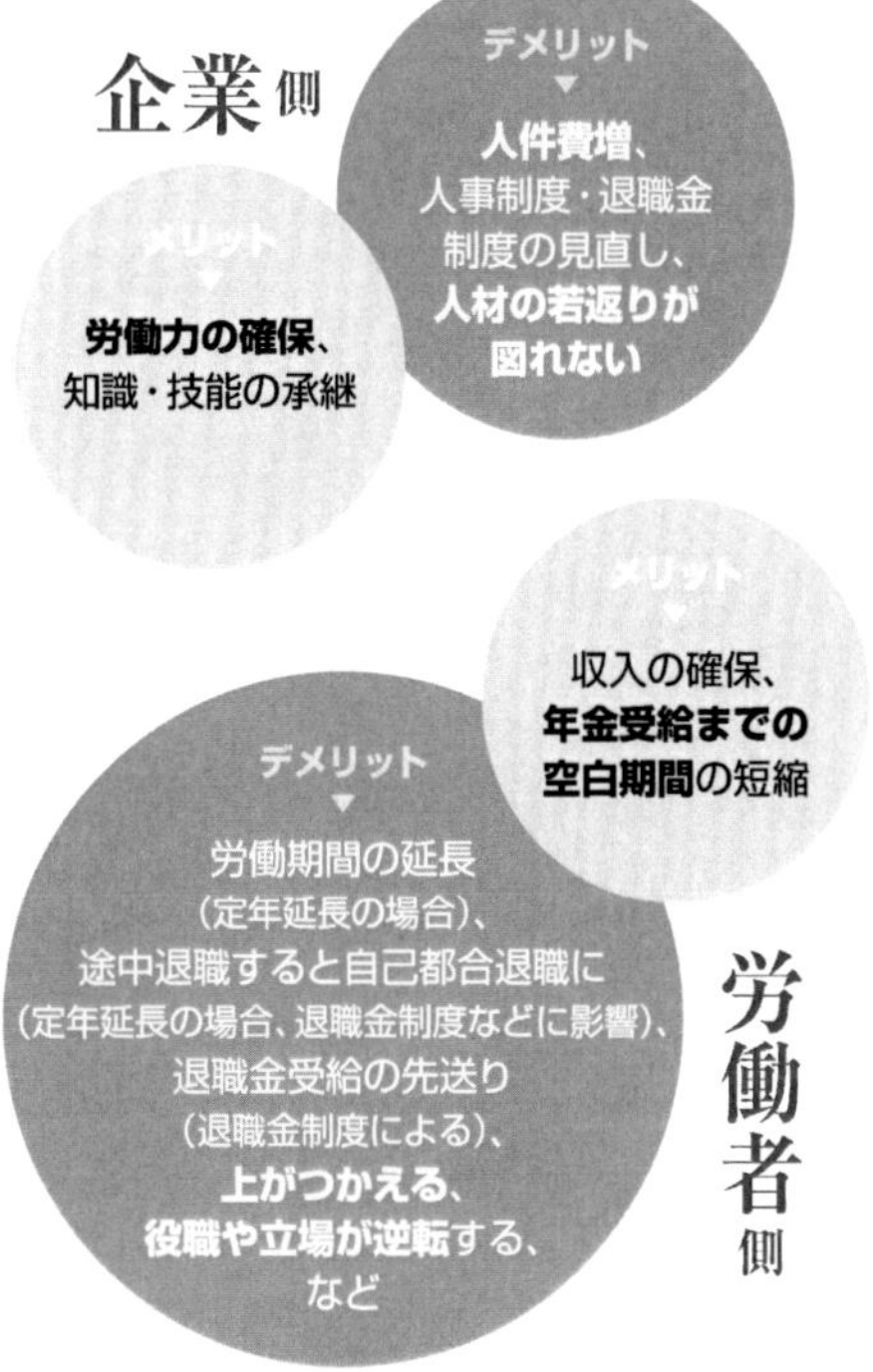

(出所)社会保険労務士法人ヒューマンリソースマネージメントへの取材を基に本誌作成

「人材不足に悩む地方の中小企業、恒常的に人が足りない業界にとって労働力確保は必須。手間がかかるが、課題が顕在化している企業は取り組みたい」（馬場氏）

一方、「長い目で見ると労働者にメリットがある」と強調するのは、シニアジョブ代表の中島康恵氏だ。「働き続けたいシニアは増えている。現状は努力義務だが、今後の義務化の可能性を見据えると、収入を得られる環境が整う」。

企業が高齢者雇用の環境をアピールすれば、新卒や中途の採用にも有利に働くと指摘する。

「土木や建築、設計の施工管理はつねに人が足りず、年齢に関係なく引く手あまた。長く働ける制度があるとわかると、高齢者だけではなく現役世代の転職先として注目される可能性がある」（中島氏）という。

今回の法改正は単に高齢者の就労環境を整えるだけではなく、労働者全体の生き方や働き方にも大きな影響を与えそうだ。

（ライター・大正谷成晴）

今から企業が準備することとは?

２０２１年4月1日から施行される７０歳定年法。今のうちに知っておきたいこと、対処すべきことがある。ここでは、代表的な疑問をQ&A形式で取り上げてみた。

【Q1】法改正が始まるまでに企業は何に取り組めばよい?

【A】改正内容は努力義務。直ちに取り組む必要はない。「大手や人手不足の地方中小企業ならともかく、都心の中小企業が積極的に始めるかどうかはわからない。今後の採用の見通しが思わしくなければ着手するなど、現状と照らし合わせること」（ヒューマンリソースマネージメント代表社員の馬場栄氏）。

「運用後にPDCAを行って微調整していくことも大切だが、制度設計を何度も変えるのは非効率だ。検討段階である程度詰めておき、他社の動向を参考にしてもよい」（ダーウィン法律事務所代表弁護士の岡本裕明氏）。

いざ、取り組む場合は、すでに公開されているマニュアルなども参考にしたい。高齢・障害・求職者雇用支援機構の「65歳超雇用推進マニュアル」には、定年延長や継続雇用延長を導入する手順を、4つのステップに分けて解説している。現状把握の段階では、「経営層の理解と関与を得て推進体制を整備、基本方針を策定する」など、具体的な行動例を示していてわかりやすい。

「定年を廃止するのかしないのか、しないなら引き上げるのかどうか。制度変更などが現状で厳しいなら継続雇用制度を導入するなど、段階的に考えていけばよい」（岡本氏）と、ハードルの高い順に検討する手もある。70歳までの継続雇用を始めるなら65歳まで定年を引き上げるなど、65歳定年への対応も併せて考えたい。

定年延長に向けたプロセス

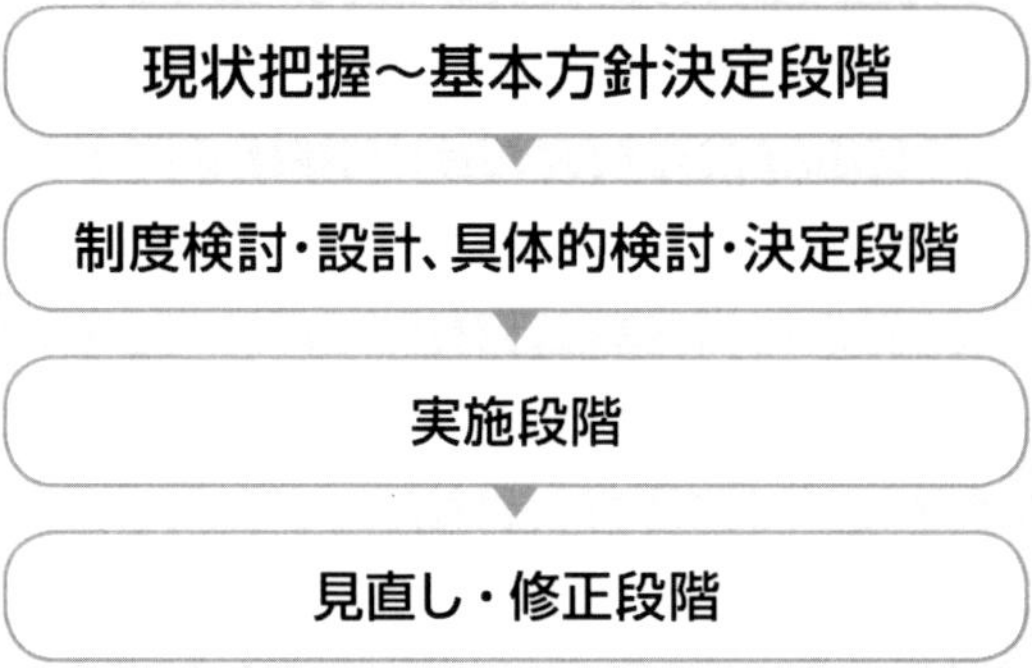

（出所）独立行政法人 高齢・障害・求職者雇用支援機構「65歳超雇用推進マニュアル（全体版）」

【Q2】社内ルールを変える場合、事業主に求められる必須の対応とは？

【A】馬場氏は5つのポイントを挙げる。

①就業制度の見直し
②退職金制度・待遇内容の検討
③社内研修の実施・管理体制の検討
④健康・安全への配慮
⑤業務内容など社内調整

まずは採用する高年齢就業確保措置に準じた就業規則の改定。「退職金制度のある企業が定年延長を選ぶと、積立期間や支払時期、退職金の算出方法などを検討しないといけない。大企業ほど影響する」。

大企業は2020年4月、中小企業は21年4月から、同一労働同一賃金が施行される。これを踏まえ、職務内容や賃金などの待遇を、どのように設計するかも検討事項だ。

「定年再雇用時の賃金減額について、今までの裁判では容認傾向だが、高年齢雇用継続給付の縮小など、今後の各種法改正により、シニアの働き方の意識は変わると思う。高年齢者の同一労働同一賃金についても、より一層厳格な判断が下される可能性が高い」

定年後の公的年金までの〝つなぎ〟でよかったのが、受給開始年齢が後ろ倒しになると、きちんとした対価を求めることになりそう。「同じ業務内容なのに賃金を下げると、不利益変更禁止の原則に該当する。再雇用で給与を下げるなら労働時間を短くする、業務内容を変えるなど、明確な差を見せないとダメだ」（岡本氏）。

土日勤務や残業など、シニアの常識が現役の非常識ということも。「勤務中の言動がパワハラに抵触したり誤解を与えたりしないよう、今まで以上に社内研修の実施と管理体制の検討が必要」（馬場氏）。業務内容によっては、加齢に伴う体力低下で労災事故が起きやすく、安全配慮が求められる。「ITリテラシーの低いシニアが担う業務内容などについて社内調整も必要だ」（同）。

【Q3】最も採用されそうな高年齢者就業確保措置は5つのうちどれになる?

【A】現行制度の結果を踏まえると、継続雇用制度の導入が最も多いというのが識者の見方だ。「定年の廃止や引き上げは制度の変更だけでなく、人件費の増大を招く可能性があり、及び腰になるのでは。企業としてはフルタイムではなくスポット人材として活用したりして、何よりも人件費を抑制したいはず。そう考えると現行制度と同じで、1年更新の有期雇用が最有力になりやすい」(岡本氏)。

その際に注意したいのが、無期転換ルールだ。通常は、定年後引き続き雇用される有期雇用労働者も無期転換の申込権が発生するが、「有期雇用特別措置法」により、適切な雇用管理に関する計画書を作成し、都道府県労働局長の認定を受けた事業主の下で雇用される有期雇用労働者に対しては、無期転換申込権が発生しない特例が定められている。

「ただし、適用するには事業主が本社・本店を管理する都道府県労働局に認定申請をしないといけない」(岡本氏)。70歳定年法で、この特例がどのように運用されるかは不明な部分はあるが、仮に60歳以降から70歳まで再雇用にするなら該当する可能性があるので、慎重な対応が必要だ。

また、企業によっては複数の措置を採用する可能性もある。「現場勤務に対しては業務委託契約、事務職なら継続雇用制度など、業務内容に応じて使い分けるケースはありえる。労働者は混同しないよう、しっかりと確かめたい」（馬場氏）。

【Q4】今回の法改正に伴い労働者側に求められる具体的な対応とは？

【A】「収入や貯蓄、退職金や公的年金の受給、モチベーションなど、自分のライフプランを見直し、何歳まで働き続けたいのかを考え直すこと」とアドバイスするのは、シニアジョブ代表の中島康恵氏。事業主の対応も確認したうえで、身の振り方を考える必要がある。「勤務先が継続雇用制度を採用したとして、再雇用で給与が下がるのなら、条件のよい会社に転職する手もある。お金に余裕があり、ゆっくり働きたいなら再雇用でも構わない」。シニアジョブの実績によると、建設や会計・法務、介護・保育、医療・看護、調理などは人手不足であったりして、経験豊富な人材に対するニーズが高い。

「継続雇用制度や、新たに加わった業務委託契約や社会貢献事業への従事は、希望者に対しての措置。不服なら他社に移る選択肢もある。遅れず対処できるよう、勤め先の対応は早く知りたい」

こうした行動は、シニア以外の現役世代にも求められる。「年齢に関係なく豊富な経験を持つ人材を欲しがる企業はたくさんあり、これからは増えていく。自社の取り組みに不安があるなら、高年齢者雇用に手厚い企業への転職を、早めに検討すればよい」。

【Q5】現在は努力義務だが、将来的には義務化する可能性が高い?

【A】岡本氏、馬場氏、中島氏の3人が「義務化の方向に向かう」と答えた。2025年に65歳定年制が完全義務化されると、70歳が具体化しそう。「すぐ飛びつく必要はないが、地域や職種に応じて、積極的に打ち出して、早めに採用の活性化を促すことはできる」(馬場氏)。労働者も会社任せで定年まで待つ時代ではない。これを機に自発的なプランを描いてはどうだろうか。

(ライター・大正谷成晴)

〔緊急リポート〕

家電量販店ノジマが「80歳まで働ける」を宣言

すべての従業員が80歳まで働けるようにする――。家電量販店のノジマは2020年、本人が望めば80歳まで働けるようにすると発表した。もともとパート・アルバイトだった従業員をはじめ、正社員で65歳定年を迎えた人でも、嘱託やパート・アルバイトという形態で80歳まで働き続けることを可能とした。勤務形態や給与は個別に話し合って決める。

もちろん無条件ではない。同社には、上司や部下、他部署の人間などありとあらゆる角度から仕事ぶりが評価される「360度評価システム」が存在する。接客態度が著しく悪かったり、良識に反した行動を取り続けたりするようなスタッフはおのずと周囲の評価が下がり、雇用継続は難しくなる仕組みだ。

とはいえ、全従業員が80歳まで働けるという宣言は上場企業で初めて。そこにはオフィシャルな3つの理由と、隠された1つの戦略がある。

「65歳」は働き盛り

理由の1つは現実との齟齬（そご）だ。野島廣司社長は「65歳で引退というのは、この時代の現状に合っていない。（判断は）遅すぎたかもしれないと思っているぐらいだ」と決断の背景を語る。

ノジマには現在、78歳の女性を筆頭に70歳以上が21人、65〜69歳が33人（役員を除く）、自ら店舗に出て、品出しやレジ打ち業務をしている。ノジマの中で65歳という年齢はまだまだ〝働き盛り〟なのだ。

2つ目の理由が、従業員の間で話題を呼んだ社内報だった。現在も現役として店舗に出ている3人のシニアスタッフが、「若手に負けない！　シニアパートナースタッフの活躍！」と題し、シニアならではの体験談、ものの見方を開陳している座談会だ。

「百貨店に43年間勤めていました。（中略）65歳で退職しましたが、このまま遊んで暮らすのはもったいないと思い、仕事を探していたところ『ノジマイオンモール座間店の大面接会』というポスティングチラシを見つけ、Webで面接を申し込みました」と、定年退職後の就職活動話を披露したスタッフ（67歳、入社2年目）。また、「私の友人の中には、リタイアしている人間もいれば、働いている人間もいます。その中で自分は、『まだノジマで働き続け、努力し続けているんだ』と、現役と一緒に仕事をしている誇りを持つことができている。それが自分自身の励みになっています」と語るエースコンサルタント（68歳、入社4年目）。

こうしたシニアスタッフの話は、働くことには収入を得ること以上の意味があるのだということを若手従業員たちに教えていた。

また次の話は、若手層にシニアの存在感を見せつけた。

「年配者なりの立ち位置があると考えています。ノジマの従業員は8割以上が若い方ですが、朝出社した時に昨日と同じ顔色ではない方が多いです。例えば、仕事やプライベートで悩んでいたり、風邪を引いていたりなど、各人がさまざまな状態で出勤してきています。そんな時は、私たち年配者がいち早く気づいて、『今日はどうしたの？』と声をかけてあげる。同年代同士よりも、私たちのようなお父さん世代でフォローすると、『実は……』と話してくれて、アドバイスができるのです」（71歳、入社16年目）

年輪を重ねた人にしかできない〝仕事〟があるのだ。

一番星見〜つけた!

若手に負けない!

シニアパートナースタッフの活躍!

野島廣司社長の決断を
促したシニア座談会を
報じた社内報

ノジマ従業員たちの好評を博したこの座談会は、野島社長の知るところとなり、「80歳」宣言を出す決断を促した。実は野島社長の頭の中にはすでにシニアの「モデル」となる人の存在があった。それが3つ目の理由だ。

1959年に両親が開業した野島電気工業社（ノジマの前身）が61年、初めて正社員として採用した岩田功（当時18歳）という人物だ。

「イサオちゃん」の存在

野島家の人々が「イサオちゃん」と呼んで慕った岩田氏は配送からアンテナ取り付け、訪問販売までこなした。冷蔵庫と洗濯機、テレビが「三種の神器」と呼ばれるほど人気だった時代、岩田氏は商品の詳しい説明のために顧客宅に通い詰めたという。

取締役、常務を経て一度は退職した岩田氏だったが、新店舗のオープンスタッフが足りないとき、野島社長の三顧の礼で再び店舗に出ることになる。「声をかけたときはイサオちゃんは『嫌だ、嫌だ』と言っていたのだけれど、ひと月くらい経つと『ヒロちゃん、やっぱり仕事は楽しいな。給料はいくらでもいいから、今後も使ってよ』と言ってくれたんです」（野島社長）。

それから10年以上も店頭に立ち続けた岩田氏は、2019年、病のために鬼籍に入ったが、野島社長が従業員に言ってきた「本人さえ望めば、本当は何歳までだって働いていいんだ」という言葉の奥には「イサオちゃん」の姿があった。

「80歳」宣言の背後には、もう1つの隠れた戦略もある。ベテラン販売員という〝宝〟だ。

これまで家電量販店の特徴は「低価格商品を大量に売る」ことだった。現在、消費者は低価格製品ほどアマゾンや楽天などECで買う。もはや、「低価格」「大量」だけでは家電量販店がレゾンデートルを示せなくなった。

必要なのは、高価格帯の製品を確かなコンサルティング力で消費者に訴求する力だ。「製品に対する知識が豊富なスタッフが接客上手というわけでは必ずしもない。相手との間合いの取り方や会話の引き出し方、お客さんの心をつかむ技術は、人生経験を積んでいるスタッフほど優れている」と、田中義幸取締役は語る。

ネット上には製品に関する基礎的な情報からユーザーの口コミ情報まであふれている。リアル店舗のスタッフに求められるのは単なる商品情報ではなく、顧客の生活環境を想像し、製品を購入することで生活がどう豊かに変わるのかを説明する能力だ。ここでこそベテラン販売員の技術が光る。

この戦略が採れるのもノジマならではだ。なぜならノジマはほかの家電量販店と違いメーカーから出向する「メーカーヘルパー」に頼らず、商品解説ができるスタッフを自前で育ててきたからだ。

「80歳」宣言の背後には、EC時代にも消費者に選ばれるリアル店舗をつくっていくという、長期的な狙いが潜んでいる。

（野中大樹）

定年消滅を促す3つの要因

「定年消滅」の流れは、社会の変化やマクロ経済の観点から見ても必然といえるものだ。それを踏まえたうえで、個々人がライフスタイルや働き方をどう見直していくかが問われている。

定年消滅時代が始まる要因は、大きく3つある。1つ目は、長寿命化という生物学的な要因だ。現在の高齢化社会は少子化と長寿命化の2つに要因分解できるが、言うまでもなく少子化はわれわれが克服すべき課題だ。一方、健康寿命の延びを伴う長寿命化は喜ばしいことで、約20年前に比べ、日本の高齢者の体力は5歳以上若返っている。

健康寿命が延びたならその分、就労を軸とした現役時代が延びるのは自然なことだ。

人類は資本主義が始まるはるか前から、就労期の人たちが幼少期と高齢期の人を扶養する形で社会を維持してきた。核家族化など社会の変化に伴い、私的扶養から年金、医療など社会保険や税を財源とする公的扶養に軸足を移したが、基本的な構造に変わりはない。

技術の移り変わりの速さから、高等教育の拡大や就労期での学び直しが重要となり、政府や経済界もそれに対応した制度変更に取り組んでいる。同様に、長寿命化に対応した制度変更として定年消滅などの動きが加速していると考えられる。就労期の延長が定着すれば、将来の高齢化社会の風景も大きく変わってくるだろう。

生物学的要因

長寿命化への対応

長寿命化や社会経済情勢の変化が制度変更を迫る
―ライフサイクルで見た幼少期と高齢期の支出構造―

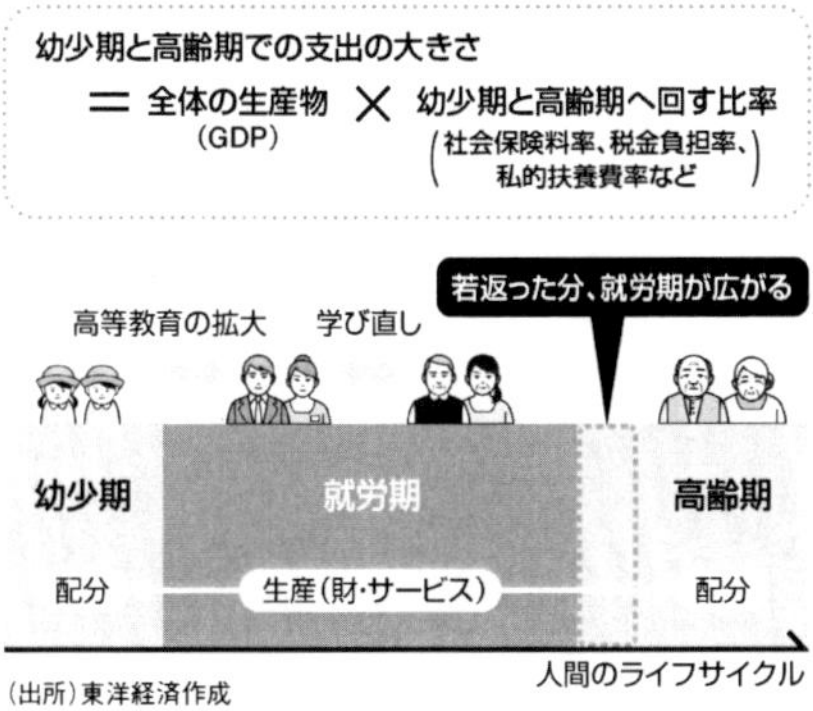

（出所）東洋経済作成

65歳以上を高齢者と考えることを見直すと…
―日本の年齢区分別人口―

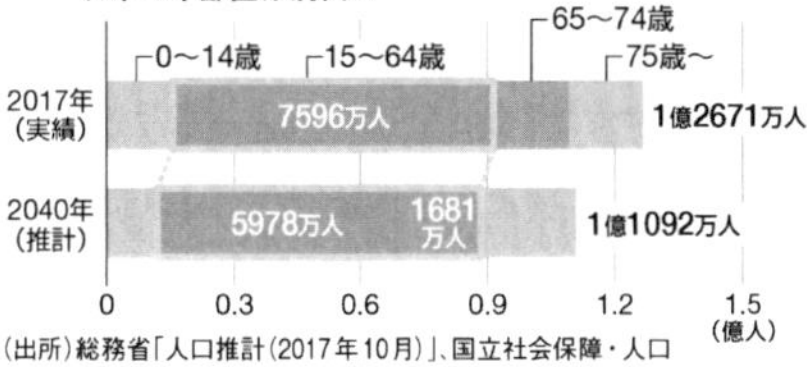

（出所）総務省「人口推計（2017年10月）」、国立社会保障・人口問題研究所「日本の将来推計人口 2017年推計」

繰り下げ受給の活用

定年消滅の第2の要因は、社会保障制度面からの要請だ。具体的には、公的年金制度が2004年の法改正によって大きく様変わりしたことを認識すべきだ。

多くの欧米諸国と同様、2004年改正以前の日本の公的年金は、少子高齢化の下で年金財政を均衡させるために3つの選択肢を迫られていた。①保険料引き上げ、②年金給付引き下げ、③年金支給開始年齢引き上げだ。保険料引き上げは経済界が、残りの2つは国民が猛反対したため、政府は年金財政収支を均衡できないのではないかという年金破綻論が広がった。

2004年改正でこの構図は一変した。政府は保険料率をそれまでの約13%から18・3%（厚生年金）へ段階的に引き上げ、基礎年金への国庫負担も3分の1から2分の1に増やした。そのうえで保険料、税の負担はこの水準に固定し、少子高齢化による影響は、給付水準の変更で調整することになった。長期の年金財政を強制的に均衡させるもので、主要な社会保障給付費（対GDP〈国内総生産〉比）の中で唯一、年金だけが微減となる見通しだ。

　2019年の年金財政検証（5年に一度実施）では、1980年代に生まれた人たちが将来受け取る年金の所得代替率（年金額の現役世代の手取り収入に対する割合）は、現状の61・7％から50％強まで低下する見通しが示された（モデル世帯の場合）。

　現在、政府が進める年金改革は引き続き負担を固定したうえで、将来の年金給付水準をいかに底上げするかに焦点を絞っている。給付調整方式の見直しや非正規雇用への厚生年金適用拡大などとともに、個々人の選択で大きな給付水準の底上げが可能となるのが、繰り下げ受給だ。

　これは、年金の受給開始年齢を標準の65歳から1カ月遅らせるごとに年金が0・7％増額され、最大70歳の受給開始で42％アップするものだ。繰り下げ受給は年金財政に中立で、増額された年金は一生涯続く。20年の法改正により繰り下げの上限は75歳、84％増額まで拡大された（施行は22年4月）。19年の財政検証では、受給開始時期を何年繰り下げれば、給付水準が現在の高齢者と同じになるかについても年代別に示された。次表のように、厳しい経済前提の下でも1～4年繰り下げれば給付水準を維持できることがわかっている。

むろん、就労期の保険料拠出が十分でない人には別途セーフティーネットが必要だ。しかし、人口の大半を占める中間層にとっては、繰り下げ受給制度があるかないかによって老後の生活設計は大きく変わってくる。高齢期就労のハードルをいかに取り除くかは、年金の充実化のためにも政府にとって重要な課題となっている。

社会保障要因

公的年金受給額の充実化

制度改革によって公的年金支出は抑制される

—社会保障給付費(対GDP比)の将来見通し—

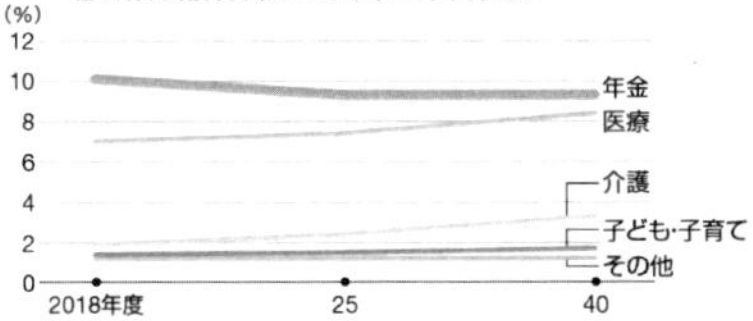

(注)経済前提がベースラインケースの場合 (出所)厚生労働省「2040年を見据えた社会保障の将来見通し(議論の素材)」のデータを基に東洋経済作成

引退を数年遅らせれば、現在と同じ年金給付水準に

—現在の所得代替率の確保に必要な受給開始時期—

<table>
<tr><th rowspan="2">生まれ年</th><th rowspan="2">65歳時点の平均余命</th><th colspan="2">ケース3</th><th colspan="2">ケース5</th></tr>
<tr><th>就労引退</th><th>受給開始</th><th>就労引退</th><th>受給開始</th></tr>
<tr><td>1954
(66歳)</td><td>22年4カ月</td><td>60歳
0カ月</td><td rowspan="3">65歳
0カ月</td><td>60歳
0カ月</td><td rowspan="2">65歳
0カ月</td></tr>
<tr><td>1959
(61歳)</td><td>22年9カ月</td><td>62歳
4カ月</td><td>62歳
6カ月</td></tr>
<tr><td>1964
(56歳)</td><td>23年2カ月</td><td>65歳
0カ月</td><td colspan="2">65歳5カ月</td></tr>
<tr><td>1969
(51歳)</td><td>23年6カ月</td><td colspan="2">65歳5カ月</td><td colspan="2">66歳0カ月</td></tr>
<tr><td>1974
(46歳)</td><td>23年11カ月</td><td colspan="2">66歳0カ月</td><td colspan="2">66歳7カ月</td></tr>
<tr><td>1979
(41歳)</td><td>24年2カ月</td><td colspan="2">66歳7カ月</td><td colspan="2">67歳2カ月</td></tr>
<tr><td>1984
(36歳)</td><td>24年6カ月</td><td colspan="2" rowspan="4">66歳9カ月</td><td colspan="2">67歳9カ月</td></tr>
<tr><td>1989
(31歳)</td><td>24年9カ月</td><td colspan="2">68歳4カ月</td></tr>
<tr><td>1994
(26歳)</td><td>25年0カ月</td><td colspan="2" rowspan="2">68歳9カ月</td></tr>
<tr><td>1999
(21歳)</td><td>25年3カ月</td></tr>
</table>

(注)65歳時点の平均余命は男女平均。ケース3の長期前提は実質経済成長率0.4%、実質賃金上昇率1.1%、物価上昇率1.2%。ケース5では実質経済成長率0.0%、実質賃金上昇率0.8%、物価上昇率0.8%
(出所)厚生労働省「2019年度財政検証詳細結果等」を基に本誌作成

最大の成長戦略?

定年消滅の3つ目の要因は、それが経済成長に資することだ。引退時期を遅らせて就労期を延ばせば、それだけ労働力人口の維持にはプラスとなり、社会が生み出す生産物(財・サービス)は増える。人口減少下でいかに経済的な豊かさを維持するかが問われている。

過去のGDP成長率を要因分解したのが次図だ。すべての時期において、マンアワー(就業者数×労働時間数)が成長のマイナス要因となった。不況による総需要縮小が響いたときもあるが、基本的には1996年から日本の生産年齢人口(15〜64歳)が減少に転じたこととの影響が大きい。期待のイノベーションも決め手に欠ける中で、労働力人口の確保は最大の成長戦略かもしれない。

第2次安倍晋三政権時代には人手不足が叫ばれる中、女性と高齢者の就業拡大が進み、景気拡大の持続に結び付いた。新型コロナウイルスが直撃した現在は、産業構造調整の真っただ中にあるが、それを乗り越えれば、再び労働力不足が成長の足かせとしてクローズアップされてくるだろう。

高齢期の就業拡大 理由③ 経済成長要因

労働力人口をいかに確保するか

引退時期の繰り延べが労働力の減少を大きく緩和
—シナリオ別の労働力人口見通し—

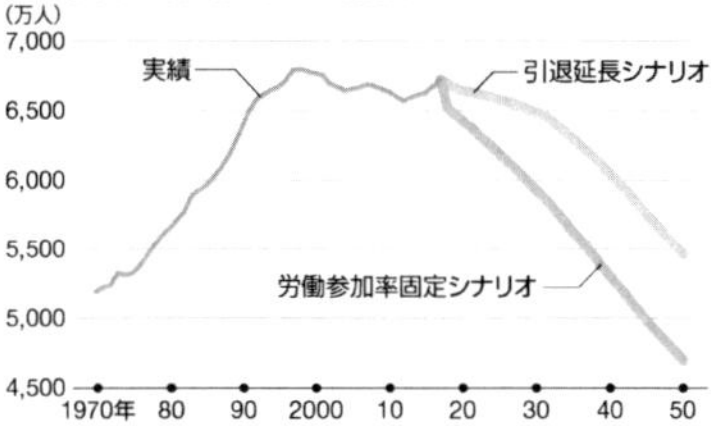

(注)労働参加率固定シナリオは2017年の性別・5歳年齢階級別の労働参加率で固定したもの。引退延長シナリオは08～17年平均の性別・5歳年齢階級別の過去5年間労働参加率・退出率をベースに55歳以降の退出率が17～30年に10%低下すると仮定
(出所)OECD"Working Better with Age: Japan"

労働力減少の緩和は経済成長にプラスに働く
—実質GDP成長率の要因分解—

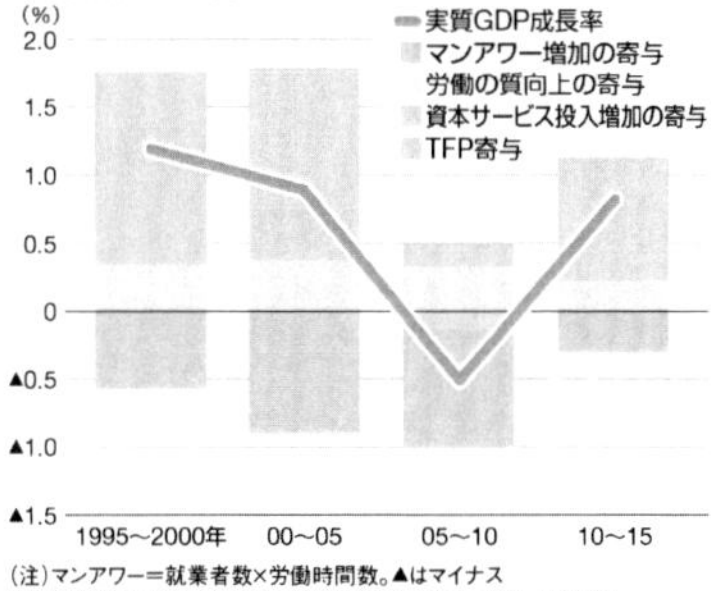

(注)マンアワー＝就業者数×労働時間数。▲はマイナス
(出所)経済産業研究所「日本産業生産性(JIP)データベース2018」

以上、定年消滅時代が始まることのマクロ的な必然性について見てきたが、ここからは高齢期就労の現状と課題をまとめていこう。

従来の定年延長や再雇用の制度拡大を背景に、高齢期の雇用は新しい年代ほど着実に増えている。ただ、高齢期の就労拡大を受け入れる社会の仕組みが整っているかといえば、答えはノーだ。

大きなネックとなっているのが、日本型雇用慣行だ。年功型賃金体系のまま、全社員の退社時期を遅らせたなら企業の人件費負担は急増してしまう。そのため日本企業ではシニア社員の賃金カットが大きく進んだ。一般に定年後再雇用の賃金は、それ以前の5～7割程度になることが多い。

経営側としては、若い世代と同じ職務内容のまま賃金を下げるのでは説明がつかないため、シニア社員の職務内容をスキルに見合わないほど下げるケースがある。人材活用の面で本末転倒だ。

また、そのような状況が続けば、社員の側も高齢期に向けたスキル開発は無意味だと捉え、仕事面での向上心も失っていくだろう。実際、日本は高齢期のスキル開発でほかの先進諸国に大きく後れを取っている。

高齢期のスキル開発で後れを取る日本
―過去1年間に職務関連訓練に参加した高齢労働者（55～65歳）の割合―

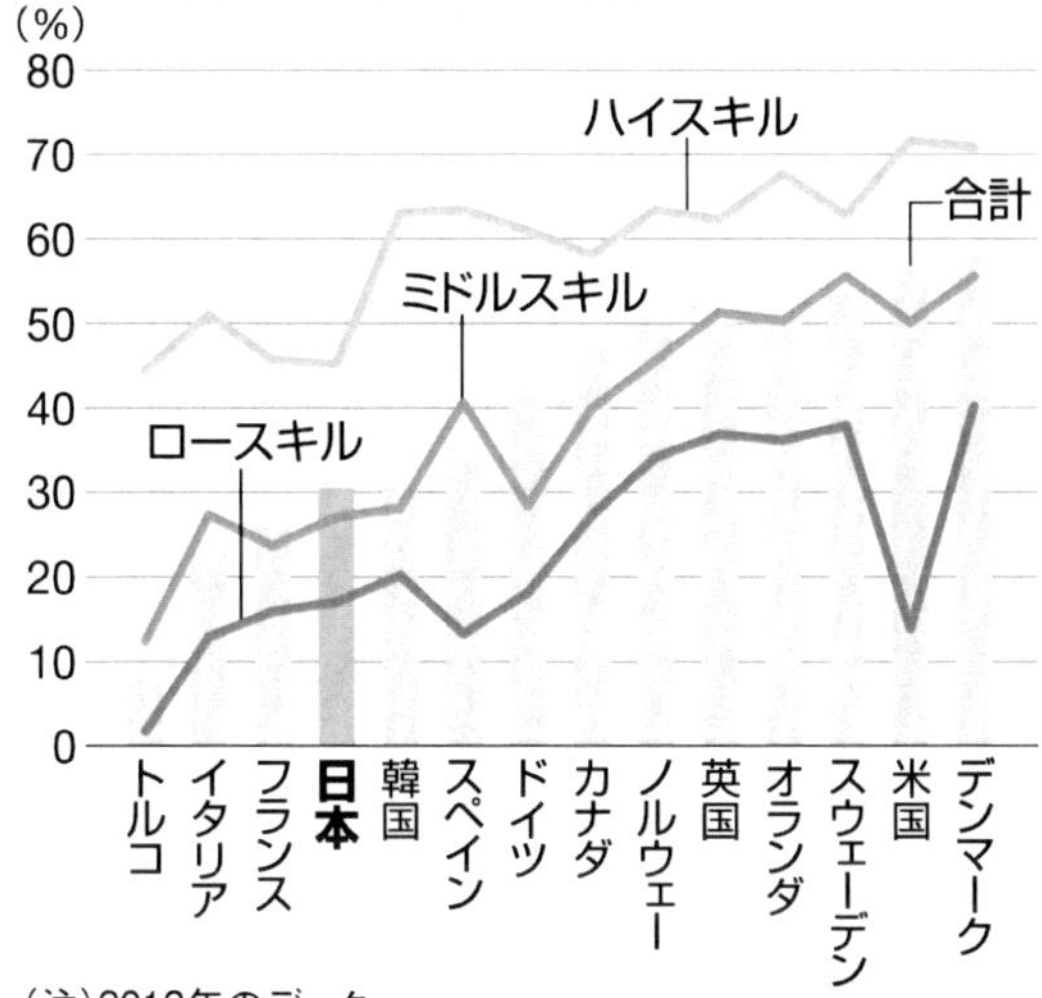

（注）2012年のデータ
（出所）OECD“Working Better with Age: Japan”

ジョブ型雇用の拡大

こうした状況を打破するにはどうしたらよいか。昨今、日本の大企業が注力するジョブ型雇用への傾斜は1つの方法だ。

従来の日本型雇用慣行はメンバーシップ型と呼ばれ、職務内容を限定しない形で新卒一括採用を行い、年功型賃金の下で社員の配置転換を繰り返すものだ。専門性を持った人材が育ちにくく、高齢期の処遇と人材活用面で課題を抱える。

これに対し、海外で主流のジョブ型では職務内容を限定し、職務ごとに賃金は決まっている。特定の職務に空きが生じれば、補充・採用する形が取られ、社員の配置転換はない。そのため、同じ職務内容なら年齢に関係なく賃金は原則同一だ。高齢期の人件費増加は起こらず、海外ではそもそも社員一律の定年という概念もない。

日本の企業が今後、高齢期雇用を拡大する中で、賃金の決まった特定職務を適性に応じてシニア社員に提示する方法へシフトしていくだろう。新卒一括採用や配置転換は企業にとって使い勝手がよいため、若年層ではメンバーシップ型が続きそうだが、中高年齢層ではジョブ型の比重が増していくに違いない。

これに対し、働く側も準備を進めるべきだ。ビジネスパーソンは大抵、40代になれば、自分の将来のキャリアについて考え方も整理されてくる。昇格により経営幹部のラインを目指すのは依然王道だが、それ以外でも自分の専門性を磨き、それを生かした高齢期のライフスタイルや働き方を志向する人が増えてきそうだ。

コロナ禍で拡大したテレワークはシニアの就労に追い風であり、得意分野さえ確立すれば、高齢期には元の会社にこだわる必要もないだろう。自分の希望する年金給付水準確保のためにどの程度の受給開始年齢の繰り下げが必要かを確認し、そこに向けたスキル開発に着手すべきだ。

将来不安から資産運用を始める人が増えているが、繰り下げ受給制度により、引退を1年遅らせれば年金額は8・4%増加する。自己への投資は、資産運用以上のリターンをもたらすかもしれない。

（野村明弘）

「定年なんて要らない　仕事と努力は永遠に続く」

伊藤忠商事名誉理事・元駐中国大使　丹羽宇一郎

伊藤忠商事の経営トップや駐中国大使として活躍したのが丹羽宇一郎氏である。『死ぬまで、努力』『仕事と心の流儀』など、ビジネスパーソン向けの著書はいつもベストセラーとなる。その丹羽氏に「定年消滅」について聞いてみた。

――２０２１年から「７０歳定年法」が始まります。定年の概念は変わりますか。いつか定年というものがなくなるのでしょうか。

そうかもしれない。僕は、とにかく、このままでは日本の社会は成り立たなくなっていくと思っている。今の人たちは世の中の仕組みをあんまり信用していないんだよ。

だから新しいものに変わるしかない。

――どういうことですか？

例えば、日本では代表制民主主義を信頼しているのは、20歳代では20％。30歳代では14％にすぎない、という調査結果が出ている（言論NPO、2019年7月）。では、米国はどうか。1980年代以降に生まれた人たちへの調査で、90年代の人が多いけど、今の民主主義の下で生きるというのが非常に重要だと思っている人は、全体の3分の1だけだ。3分の2は重要だと思っていないようだ。

日本も米国も、若い者は大部分が「今の民主主義って何だ？」と思っている。そもそも米国の大統領選挙で現職の大統領が郵便投票に文句を言ったりして、選挙をぶち壊そうと思っているわけだ。リンカーンは選挙の前にこう言っている。「自分たちで親分を決められないような国は滅びる」ってね。僕は今、トランプ氏に同じことを言いたい。

実は世界の民主主義体制の危機なんだ。代表制民主主義を取る最も信頼されている米国・日本の2つの大国でさえ、こうしたことが起きている。何が言いたいかというと、すべてが大きく変わるんじゃないか、ということだ。今の世の中のいろいろなルールについて、若い世代が「何か大したことないよ」と言っている。

ジェネレーションZ（90年代後半～2000年代に生まれた世代）は、生まれたときから家庭の中にITがあふれている。ITにどっぷりつかった生活からスタートしているから、僕らとは発想が違う。その人たちが中心となっていく社会は、オンライン社会だということ。オンラインなくして成り立たない世界だ。

——旧世代は取り残される？

ジェネレーションZじゃないと中心ではいられない。もうそういう社会に入ろうとしている。

そこで「70歳定年」に戻ると、定年という概念そのものがとぼけた話に感じられるよね。今の社会の仕組みはもう成り立たなくなる。社会保障はいったいいつまでもつと思っているの？　誰も社会保障を信用していないじゃない。僕の世代でそう思うのだから、今の若い人の不信感は大きいだろうね。
社会保障も何も成り立たないのに、定年もへったくれもあったものじゃない。そもそも米国には定年なんてない。「ハッピーリタイアメント」と、リタイアする人に「おめでとう、よかったね」って言うじゃない。いつリタイアしてもハッピーなわけだ。でも、本当にハッピーかどうかはわからない。何十年か前、僕が「ハッピーリタイアメント」という言葉を使ったら、「うそつけ、そんなもの」というのが若者の相場だった。豊かな生活？　ハッピーに引退して、いったい何をするの？　日本では僕と同じ世代は定年から20年も経過すると、もうやることがなくて困っている。
明日から何をやっていいかわからないのはハッピーなのか？　しかも今は、社会保障がどうなるかわからず、「あと何千万円、持ってなきゃいけない」と心配になる。働けるうちは働かなければ……。

――働いているほうがハッピーなんですね。

「定年退職して、何もやりたくないから、ゴロゴロします」という人がいるけど、僕は「あなた、それだけはやめなさいよ」と言っている。実際に「ゴロゴロしたい」と言って辞めた人に限って、「丹羽さん、何をしたらいいですか？　もう毎日ゴロゴロできませんよ」なんて言うんだ。

でも、そう思うのはまっとうな人だ。定年人生なんてそんなもの。より一層どうなるかわからない。そうなら、定年なんてないほうがいい。ただ、働くといっても、どんな仕事をするかは人それぞれ。今までよりもいい仕事ができるかもしれない。「給料は要りません」という人もいるだろう。

──長く働き続ける秘訣は？

森羅万象すべてに合うような薬はないんだ。世の中に「絶対に大丈夫」はない。じゃあ、何をするか。「死ぬまで努力しろ」ということ。「何もしない、わしは好きなようにやるよ」って人は、そうしたらいい。何もしないで好きなように生きるなんて、できるわけないいんだからね。

定年退職後は自由自在なわけだが、その前提は自分の努力だ。僕は「死ぬまで努力しろ」と言ったけど、「死ぬまで努力したらどうなるのか?」「何を目的に努力するのか?」と考える人もいる。そんなことを考える前に、努力をしたいと思うことにまず取り組んでみなさい。80歳になっても、90歳になっても、やりたいことはできるんだ。「できません」っていう人は、努力が足りない。

人生=仕事だよ。仕事を取ったら、あなたの人生はもうないんだ。死ぬまで働けよ。ついでにいえば、逆境も、人生そのもの。誰の人生も逆境の連続なんだ。逆境なんてあなただけが陥るわけじゃない。

——テクノロジー進化の影響は。

人口減少・高齢化の将来はきっと、ロボット以上の仕事ができないと働けない。つまり、退職前からそうとう勉強しなきゃダメだ。ロボットにはある程度、肉体労働を担ってもらう。結局、努力をしない者はロボットと同じような仕事をし、ロボット以下の給料、ロボット以下の生活を強いられることになる。それがこれからの世界の姿なんだろうと思う。

――ポストコロナの世界にも通じる話でしょうか。

実は人間の本当の仕事というのは、3密そのものである。しょっちゅう顔や目と目を合わせて、一緒になって「ああでもない、こうでもない」と議論することが僕たちの仕事だ。本格的に「やるぞ」というときの目の色、緊張感や働く人間のスキルアップは、決して在宅勤務では出てこないだろう。ロボットは言われたことしかやらない。シニアの世代も含めて、ロボットができない仕事を人間がやっていくんだ。

（聞き手・堀川美行）

丹羽宇一郎（にわ・ういちろう）

1939年生まれ。名古屋大学法学部卒業後、伊藤忠商事入社。98年、社長就任。2004年会長就任。10年、民間出身で初の駐中国大使に就任。『死ぬまで、努力』『丹羽宇一郎 戦争の大問題』など著書多数。

貴重な戦力をどう活用するか

シニア活用　定年後も働きたい職場

産業界でさまざまなシニア活用策が導入されている。注目される先進企業を紹介しよう。

【流通】サミット　元店長が店舗で魚をおろす

「やりたい仕事をやっているから大満足している。できたら75歳まで勤務を続けたい」。東京都江戸川区にあるサミットストア瑞江店で働く長谷川和大さん（67）は、明るい表情でそう話す。

2016年12月、首都圏スーパー大手のサミットは、パートタイム社員の定年を

60歳から65歳に、パートタイム社員を定年退職後に再雇用するシニアパート社員については、定年を70歳から75歳に引き上げた。正社員の場合は、60歳の定年後に65歳まで嘱託社員、その後はシニアパート社員としての勤務が可能で、長谷川さんは正社員、嘱託社員を経てシニアパート社員として働く。

現在はサミット入社時から約8年間担当していた鮮魚部門で魚をさばき、週3日、1日7時間の勤務をこなす。体力などの事情に合わせ、勤務時間の変更も可能だ。長谷川さんは、先輩が65歳で退職したものの日々が退屈で、サミットでの勤務を再開した事例を複数聞き、シニアパート社員としての勤務を決めた。

長谷川さんは店長や地区マネジャー、台湾サミットへの出向と、幅広い経験の持ち主だ。現在の瑞江店長は、20年前に店長をしていたときにグロサリー部門のチーフだった元部下だ。立場の変化について長谷川さんは、「戸惑いはまったくない。もともと人と接するのが好きで入社している。昔の立場は忘れた」と語る。

年齢重ねても力を発揮

現在、鮮魚部門のチーフの指示に従って働いている。人事部の安田大輔マネジャーは、「サミットはもともと実力主義で、店長が副店長になったり返り咲いたりする会社。店長でなくなったといった理由でやる気がなくなることはない」と説明する。

20年8月時点で正社員やパートタイム社員など全社員は1万6851人いるが、うちシニアパート社員は1659人と9・8％に上る。75歳で働く人も8人いる。「長期間勤務した社員は継続勤務することが多いので、シニアパート社員が占める割合は増えている」（安田マネジャー）。

定年を延長したのはなぜか。スーパーなど小売業は求職者からの人気が低く、好景気になると採用難になる特徴がある。店舗を円滑に運営するためには、長期間勤務を続ける人手を確保する必要がある。

「年齢を重ねても衰えずに力を発揮し続けている人がいる」（安田マネジャー）のも理由だ。働き続けやすい環境をつくるため、効率化や省力化にも積極的だ。シニアパート社員が多い総菜部門では、昔は一斗缶を使って油を運んでいたが、小分けにして1度に運ぶ量を減らしている。

加齢とともに健康不安が増すため、シニアパート社員の契約更新は6カ月ごとにしている。更新の際には、片足立ちできるか、計量カップの目盛りを読めるか、といったチェックも行っている。

長谷川さんは働いて得た給料を元部下との食事代や旅行代などにしているという。元気なシニアの活用は本人と企業の双方にとって大きなメリットを生む。

（遠山綾乃）

【流通】カインズ　70歳以上のベテランが大活躍

ホームセンター最大手のカインズは、2019年から65歳定年を導入している。対象となるのは専任社員1000人超で、店舗ごとに雇用契約を結ぶ。

専任社員はDIYや資材、園芸、自転車、リフォームなど各自担当の売り場で働く。専門知識が求められるため、中途採用者が多く、平均年齢は50代。元競輪選手や農業者などさまざまなバックグラウンドを持っている。一定数のファンを抱える名物社員も少なくない。

６５歳定年を導入したきっかけは、店舗からの強い要望だった。地場に根差した採用で、特定分野の専門知識を有する人材を募集するのは容易なことではない。例えば園芸の場合、地域ごとに特産物や育成方法などが異なる。来店客にとって、専任社員は心強い相談相手でもある。都心の店舗には、３Ｄプリンターを使いこなしながらＤＩＹの講師を務める人もいる。

６５歳まで人事考課の対象に含まれるようになったことで、昇給が期待できるため士気向上につながる。カインズ人事部の岩崎泰久勤労厚生室長は「各店舗の7〜8割を専任、パート社員が占めている。彼らのモチベーションが店舗のブランディングに影響する」と語る。

新規採用費や教育費など間接コストも下がった。専任社員が退職してしまった店舗では、正社員が後任として転勤してくる場合も多い。店舗ごとの専任社員採用・育成には時間もコストもかかる。

定年後は、７０歳まで再雇用する。実際に全国２２４店舗の中で、６５歳以上の

114人がフルタイム勤務を続けている。70歳を過ぎたらアルバイトとして働くケースも多く、81歳にして園芸売り場で働く現役社員もいるほどだ。

専任社員に限らず、パート社員も定年延長のタイミングで65歳まで無期雇用に変更した。全国5200人のうち、65歳以上は130人。ホームセンターは力仕事も多いが「業務内容を細分化するなど、範囲を狭める工夫をしている」（岩崎氏）。梱包や返品など担当細分化で責任を明確にしている。

また、パート社員を含む店舗スタッフを対象にした定期的な新商品展示会では、1000人以上を招待して商品紹介を行う。売り場からのアイデアは多数のヒット商品を生み出している。

正社員の定年延長は予定していない。2800人のうち本社勤務は1000人程度。残りは転勤を伴う、エリアマネジャー職が多い。親会社のベイシアグループの戦略に歩調を合わせる。

（前田佳子）

【金融】大和証券グループ本社　何歳でも働ける営業へ

「私は会社が好きなんです。働かせていただいて、本当に感謝しています」――。大和証券の横浜支店で現役の営業員として働く井上達人氏は、満足げな笑みを浮かべながら語り始めた。

現在61歳の井上氏は、大和証券に入社以降、名古屋や大阪の支店での営業を経験し、本社事業法人部、支店長、富裕層向けプライベートバンキング部の統括部長などを経て、約30年ぶりにリテール営業の現場に舞い戻った。

定年後に営業員として現場に戻ることを希望したのは、事業法人部にいた際に、ある法人顧客から「『おまえと仕事ができてよかった』と言われたことが心に残っていた」(井上氏)からだそうだ。現在は稼働が少ない口座も含めて約300人の顧客を担当するが、営業ノルマはまったく課されていないという。

大和証券グループ本社傘下の大和証券は2017年に同社が「上席アドバイザー」と呼ぶ一部の営業員について、再雇用年齢の上限を撤廃。働き手が希望し、会社側が認めた場合には、1年ごとの更新にはなるものの、何歳まででも働き続けられる制度を作った。

現在最高齢の上席アドバイザーは71歳。60歳以上の従業員は営業部門だけで17人いる。上席アドバイザーの場合、基本給は現役世代よりも若干下がるが、賞与は現役と同水準を支給している。

制度を管轄する大和証券の人事部は、再雇用制度導入や一部で上限年齢を撤廃した理由について、「高齢者が増えているという社会全体の流れに対応するため」と説明する。また、「高年齢結婚が増え、60歳を迎えても子どもが成人しないので、定年後も働き続けたい」といった従業員の声も導入の背景にあったという。

他社に広がらない理由

だが、年齢制限の撤廃が同業他社に波及する気配はない。先行する大和証券でも、制度を適用する従業員はまだまだ少ない。なぜ、上限撤廃は広がらないのか。

背景には、従業員のモチベーション維持が難しいという課題があるようだ。証券業界に限らないことだが、45歳ごろには自分が「どこまで昇進できるか」がわかってしまい、社内研修を受講したり、資格取得に向けて勉強したりする動機を見失ってしまう人が少なくないという。

大和証券では研修や資格取得をポイント換算し、ためたポイントに応じて定年後の待遇に差をつけることで、モチベーション低下を抑え込もうとしている。とはいえ、「生産性をどうやって保ってもらうかというのは相変わらず難しい問題だ」（人事部）。

また、収益貢献が可視化しにくい部門では年齢制限撤廃に踏み込めていない。証券部門の営業員のように「いくら稼いでいるのか」ということが一目でわかる場合には、企業側も収益に見合う報酬額を算定しやすい。

一方で、事務作業を担うバックオフィスなど、単独では収益を上げていない部門については、適正な給与水準の算定が難しいという。個々の従業員について、給与分の収益貢献があるかどうか、判断する手段に乏しいのである。

再雇用延長・年齢制限撤廃に向けて、社会や従業員からの要請はますます高まるばかりだが、産業界では実力主義の傾向が強い証券会社でさえ、まだ越えるべきハードルは少なくない。
（梅垣勇人）

【金融】明治安田生命保険　定年延長で要望の多様化に対応

２０１９年４月、明治安田生命は、業界に先駆けて６５歳定年に踏み切った。「定年延長を検討した背景には、ビジネス環境や社会環境の変化もあるが、当社独自の事情もある」と話すのは人事部人事制度グループの石川和正グループマネージャー。それは社内の「人口ピラミッド」の偏りだ。多くの企業がバブル崩壊後の不況の時期に新卒採用を絞ったため、４０歳前後の社員が少ない。

同社は２００４年に明治生命保険と安田生命保険が合併して誕生した。それが、偏りを一段と進めた。１９年時点の社員数を「１００」として、採用数が現状のままだと、２９年には８割、４９年には６割になる。シニアを活用しなければ、客のニーズの多様化に伴い高度化・専門化していく業務に対応できない。そこで、定年延長への早い取り組みにつながったという。

新しい制度を作るうえで、最も難しかったのは処遇だという。定年を引き上げれば、その分、人件費が膨らむ。とはいえ、60歳以上の処遇を下げれば「これまでと同じ仕事をしているのに、なぜ下がるのか」という不満が出るだろう。これまでどおりのポストを残せば、今度は若者が出世できなくなり、世代間対立が生まれる。

一方で、60歳で退職しようと考えていた人にとっては、退職金をもらえる時期が5年も延びる定年延長は迷惑だろう。

みんなが納得できる制度にするためには、どうすればいいのだろうか。およそ4年の議論の末、新しい体系が導入された。中でも特徴的なのは3つだ。

①「役割」は維持

職制・職務の特性を踏まえ「4つの職制グループ」は維持。また「グレード制度」を維持し、職制・職務の処遇水準を設定。

②「実能資格」は廃止

実能資格（部長、課長級など）に対応する部分を廃止。

③「職種」を一本化

職種は総合職（シニア型）に一本化。転居・転勤に対応する部分の処遇を廃止。（ただし、本人が職務優先を希望し、会社が転居・転勤をさせる場合には、社宅使用料の全額補助を行っている）

「実能資格」は課長とか部長といった役職、「職種」は全国転勤があるかどうか。シニアに対しては、「実能資格」を廃止し、職種は転勤なしに一本化された。これらにより、60歳未満のときの約7～8割は処遇が下がる。こう説明されれば納得しやすい。

とくに注目すべきは「役割」だ。この職制のこの職務はいくらと処遇水準をはっきりさせた。10人の営業職員を抱える営業所長はいくら、50人の営業職員を抱える営業所長はいくらといった具合だ。

役割には若手もベテランも関係ない。それは年功序列の廃止にもつながる。一方、これまでは総合職、アソシエイト職など入社経路によって処遇が違ったが、同じ規模の営業職員を抱える営業所長なら、仕事の内容は同じだ。入社経路にかかわらず「同一職務＝同一賃金」が導入された。

配属先については、勤務地か職務で選ぶ。勤務地によって給与が変わることはないが、職務によっては給与が変わる。勤務地で選ぶ人と職務で選ぶ人は半々だという。

一方、定年延長を望まない人に対しては、ＭＹシニア・スタッフ制度を用意した。60歳で退職し、嘱託社員として働く。フルタイム、短時間、短日数など、希望に応じて、さまざまな働き方を選べることが魅力だ。1年更新で5回まで更新できる。制度の説明は50歳（キャリア開発研修）、58歳（キャリアデザイン研修）の2回実施している。およそ9割が定年延長を選び、1割がＭＹシニア・スタッフ制度を選んだ。おおむね予想どおりだったという。

ただ、これで制度が完成したわけではない。不具合があるかどうかチェックしながら基本的には3年に1回見直す。21年4月には、契約社員の希望者全員を社員にする社員化に取り組む予定だ。

（ライター・竹内三保子）

【異色企業】ファンケル　アクティブシニアが若手を育成

化粧品や健康食品を手がけるファンケルは、年齢上限なく勤務できる「アクティブシニア社員制度」を2017年4月に導入した。導入当時の利用者数は2人だったが、現在は12人まで拡大している。

ファンケルの場合、正社員は、60歳（現在は65歳）で定年退職を迎えると嘱託社員となり、65歳で契約終了となっていた。パート社員や契約社員も同様に65歳で契約期間満了だった。

だが、アクティブシニア社員制度でこの上限を撤廃。正社員、さらにはパート社員なども、65歳以降はアクティブシニア社員として同社に勤務することができる。就労日数や勤務時間は、本人の希望を聞いたうえでフレキシブルに対応している。契約は毎年更新が基本だ。

制度導入は、当時会長だった池森賢二氏（現・名誉相談役ファウンダー）による「年齢で区切るのではなく、長く働ける人は働いたほうがいい」という提言がきっかけだった。

その背景には、少子高齢化に備えた労働力の確保や、高度なノウハウやスキルを持つシニア層の社員が社内に多くいたことがあったという。「元気とやる気があれば、100歳でもお願いしたい」（同社人事部の和田聡美課長）。

川口幸子さん（67）は、アクティブシニア社員として働く一人だ。現在は、週に木曜日以外の平日の4日間勤務している。仕事内容は従業員向け研修機関「ファンケル大学」内での、新人社員やオペレーターに向けた電話注文の受け方などの研修。新しいトレーナーの養成業務も行う。

現在の働き方については新型コロナウイルスの影響も気になるところだが、「1カ月以上在宅勤務で、研修の準備をしていた」（川口さん）という。

働けるうちは働きたい

川口さんは子育てを終えた46歳のときに人材派遣会社を通じてファンケルへ入社し、電話窓口のオペレーターとして働いた。5年間のオペレーター業務を経て、契約社員となり、トレーナー業務にも従事。アクティブシニア社員になってからも、その当時の経験を生かしている。

「刺激があって楽しい。働けるうちは働きたい」。川口さんはアクティブシニア社員として働く毎日をそう語る。

やはり年齢を重ねるごとに、体力は落ちてくるが、1日休みが増えたことで、体がとても楽になったという。また休日は自分の時間を過ごせるため、私生活が充実していると明るい声で話す。

とくに、研修を担当した社員たちが成長していく姿を見るのがうれしいという。今回の川口さんへの取材に同席した人事部の和田課長が新卒で配属された部署は電話窓口で、実はその当時のトレーナーが川口さんだった。

川口さんのように、65歳以降も同社で働くことを希望するシニア層は着実に増えているが、ファンケルの全社員2271人（20年3月末時点）と比べると、まだほんの一部にすぎない。

これには、ファンケル特有の事情もある。前身の「ジャパンファインケミカル販売」

設立が1981年。そこからまだ40年にも満たず、新卒採用開始も30年ほど前だ。新卒で入社した社員は今やっと50代である。

社員の平均年齢は39歳で、制度が本格的に適用されていくのは、もう少し先になってからである。今後、65歳以上の社員が増えてきたときどのように制度を運用していくのかが、ファンケルの課題になるだろう。

（星出遼平）

【異色企業】ラックランド　実質生涯雇用で既存事業支える

店舗・商業施設などの設計・施工を担うラックランドは2018年、正社員として働ける上限年齢を従来の65歳から一気に85歳に引き上げた。実質的な生涯雇用といえるが、そこには2つの狙いがあった。

「6年前まで社員300人程度で、仲間意識が強く、実態に制度を合わせた結果だった」と財間洋子・人事課長は説明する。以前から65歳を超えて働く社員はいたという。ラックランドが扱う店舗・商業施設や食品工場、物流施設の設計・施工・保守には、設備機器などの幅広い知識や技術が必要だ。雇用延長の狙いは第1にベテランを柱に既存事業で安定収益を確保すること、第2に若手教育にあった。ベテラン活用を通じ新規事業展開を加速しようとしたのだ。

現在68歳の当間克治・営業本部第2営業部営業2課専任次長は「サラダバーを日本で初めて作った」経験を持つ。入社は1974年、ラックランドは創業間もなく、福島工業（現フクシマガリレイ）の業務用冷凍冷蔵庫の卸売りが中心だったが、当間専任次長は「新しい仕事に挑むため、失敗も多かったが、業容の広がりを武器にするノウハウが身に付いた」と振り返る。ハンバーガー、弁当、アイスクリーム大手チェーンなど、みな冷凍冷蔵庫を切り口に、チェーン展開時の店舗設計に携わった。

残された課題とは？

社員は60歳の定年前に、今後の働き方を会社と話し合う。そこで本人が望めば、

60歳を過ぎても、賞与を除く年収の約85%が保証された正社員として働ける。「1人が定年退職したが、ほとんどは継続雇用を選ぶ」（財間人事課長）という。当間専任次長も「人とのつながりと緊張感を保ち、仕事に生きがいを感じるうちは働きたい。ゆっくりしたければパートタイムに切り替えられるなど、柔軟な点がよい」と評価する。

ラックランドは2010年代には、M&Aでホテルの建築事業などへ多角化を進めた。社員は今や単体で860人、グループで1250人を超える。そのうち60歳以上の社員は単体社員の約8%だ。

例えば工事部門の現場監督は、工事の品質・安全・工程管理ができて独り立ちするまで最低3年は必要といわれる。継続雇用社員の中には、自ら相談会を主催して若手を教育する人もいる。

会社も危険な現場や工期の迫った現場には、継続雇用社員を派遣しない。そうした現場はウェブカメラを設置し、継続雇用社員が映像を見ながら現場に指示やアドバイスを行えるよう工夫している。

ただ、課題は残る。まず若手への継承だ。雇用延長は人手不足対策の面も大きいが、当間専任次長は「まだ大きな顧客を担当していて、若手へ引き継ぎたいが、人員に余裕があるわけではなく、なかなかうまく進まない」と漏らす。

社員の理解という課題もある。同一労働同一賃金への対応が求められる中、継続雇用社員同士、若手社員との間で不公平感を招くことなく、制度の意義を共通認識として浸透させなければ定着はさせられない。そうした対立は、多角化が進み事業が拡大している間は表面化しにくいが、環境が一変し、スリム化を求められると先鋭化しやすい。ベテランが活躍する会社へ、挑戦は始まったばかりだ。

（岡本　享）

建設業で始まるシニア争奪戦

老朽化した道路や橋梁などの修繕、震災や台風などの災害を受けた地域の復旧。生活や産業の基盤となるインフラの整備に関わる国内工事は、今後もひっきりなしに発生する見込みだ。

こういったインフラ関連工事では、とくに点検、調査、診断、保全といった管理面の技術において、ベテラン作業員の経験に基づく知識や勘所が必要とされる。そこで、ゼネコン・建設業界では数年前から、高齢社員の活用を積極化している企業が増加しつつある。

建設コンサルタントのＮＪＳは２０１９年４月に、７０歳定年制度を本格的に導入した。以前から６０歳以降はシニアとしてのキャリアレベルを個々に設定するシニア体系を適用してきたが、この仕組みを70歳まで拡大。年収は60～65歳で現役時代に比べて8割程度、65～70歳で同6割程度になるという。

「いずれ高齢者の経験を活用することが重要になる時代が来ると考えていた。それならば、早く制度を整えたほうが対応しやすいと判断し、実行した」と、NJSの村上雅亮社長は話す。

人材確保の優劣を決める

NJSが70歳定年制度を取り入れた狙いは、大きく3点ある。

1つは人材の確保だ。建設業界は、団塊世代の退職に対する補充をどう行っていくのかが今後の課題となる。働く人の労働時間の短縮やワーク・ライフ・バランスへの対応も求められる。その解決策として、シニア世代の有効活用を目指した。

2つ目の狙いが多様な働き方の実現だ。70歳定年制度導入と同時期の19年5月に、従来は一本化していた給与体系を見直した。管理職などのライン長と専門職に複線化する役割等級体系へ移行。事業活動において技術面などでイノベーションが求められる時代に、成長戦略の一環としてシニアや専門的な知識のある人材が持つ多様な能力や個性を生かす構えである。

3つ目の狙いが社員のモチベーションアップ。ロングスパンで働ける制度を設けることで、安心、安定して仕事ができる環境を整えた。「60歳で定年というのは、まだまだ早すぎる」と、村上社長は強調する。

NJSではシニアには若手の育成や顧客対応などさまざまな業務を任せているが、中でも重点配属しているのが品質管理の仕事である。設計部門などで不具合がないか、顧客ニーズに適合しているのかを、豊富な経験に基づいた知識と見識を生かして見定める重要な役割を担う。

NJSは1年ごとに契約するのではなく、基本的には本人が要望すれば70歳まで継続して働ける制度のため、安定して働く環境を望む社外のシニアも入社を希望してくる。民間出身者だけでなく、国や地方公共団体のOBも集まってくるという。

建設業界は若者の従事者が極端に少ない。建設業就業者のうち55歳以上の比率が約35％と、全産業平均の30％を上回る。バブル崩壊や世界金融危機などの建設不況時に、職人離れが加速した。「きつい、汚い、危険という3Kのイメージが定着した」（日本建設業連合会の広報）こともあり、若者の流入も減っていった。

そうした意味でベテラン社員を有効に生かすNJSの方策は、人材不足という業界全体の課題を解決する一助となるかもしれない。

業界ではほかにも、長谷工コーポレーションや東急建設、鴻池組といった大手企業がすでに65歳への定年延長を実施済みだ。清水建設も21年4月に、定年を60歳から65歳に延長する。今後はこういったシニア対応の制度が充実しているかどうかで、人材確保の優劣が決まる可能性もある。

（梅咲恵司）

INTERVIEW

「政府による定年延長は百害あって一利なしだ」

CEAFOM代表・郡山史郎

多くのシニアのキャリアを見てきた人材紹介のプロに、定年延長の動きはどう映るのか。

――69歳でシニア向けの人材紹介会社を立ち上げたそうですね。

ソニーに60歳まで在籍して子会社に移り、65歳で「就職活動」をスタートした。しかし仕事探しが難航し、ようやく次の職場を見つけたのは67歳のとき。その苦い経験を生かし、仕事を探しているシニアをサポートしようと人材紹介会社をつくった。ただ、その経営は曲がりなりにも成功したが、シニアの紹介には失敗している。日本にはシニアが仕事を探せる仕組みはいまだに存在しない、というのが実感だ。

――シニアが仕事を探すことが、なぜ難しいのですか。

働きたいシニアは大勢いる。働いてほしい職場も多くある。しかし、それをすり合わせる個人の努力、社会の仕掛けが欠落している。

シニアの転職活動では、定年前のポジションや実績、経験などはほとんど売り物にならない。しかし、シニアの多くが会社での定年前の地位や収入、仕事の内容にこだわり、仕事探しに苦労する。また政府もシニアを採用しやすい制度や、仕事を探しやすい場所をつくってこなかった。

――どうすればいいですか。

シニアは定年を迎えた時点で、過去の役職や経験が役立たないと心得たうえで、職業人生を一度リセットすべきだ。そうすれば再就職口も見つけやすくなる。「第三新卒だからゼロから挑戦する」くらいの気持ちが大事だ。

――２１年春から、企業には７０歳になるまで従業員の就業機会を確保する努力義務が課されます。

定年後のキャリアには本来、実務能力を維持している早い段階で移行したほうがいい。市場価値が劣化していないし、企業が再雇用する場合にも即戦力として活用できる。私は、定年退職は５０歳くらいがちょうどいいと思っている。

それなのに政府が雇用延長を促すと、働く人は「これで安泰」とあぐらをかいてしまう。実際には再雇用で待遇が落ち、仕事のモチベーションが下がるケースも多い。これは問題を先送りしているだけだ。政府による定年延長は百害あって一利なし、と断言できる。

――個人が長く働き続けるため、４０代から準備できることとは。

私は「９０歳まで現役で働くこと」が目標だ。人生９０年をサッカーの９０分の試合に例えると、４５歳くらいを境に、前半戦と後半戦とに分けられる。前半戦は、同年代が横並びで競い合う「競争社会」。一方、後半戦は立場やプライベートの状況が異なる個々人が共に過ごす「共存社会」といえる。

40歳を過ぎたら、自分のやりたいこともできることもわかってくるだろう。だからこそ45歳あたりで、職業人生はいったんリセットして、「競争社会」から「共存社会」へと頭を切り替えることが大事だ。自分が次にやりたいことに向けて準備を始めたらいい。

また政府には、企業がシニアを雇用しやすい制度、安心して仕事を探せる場所を設けてほしい。

（聞き手・許斐健太）

郡山史郎（こおりやま・しろう）

1935年生まれ。ソニー常務、子会社社長、クリーク・アンド・リバー社を経て、2004年経営幹部紹介のCEAFOM設立。著書に『定年前後の「やってはいけない」』など。

お金のプロが分析

70歳現役社会のマネープラン

ファイナンシャルプランナー・坂本綾子

勤務先が70歳まで働ける制度を導入したらマネープランはどう変わるのか。まずは、現在、企業の義務となっている65歳までの雇用とマネープランの関係から確認しておこう。

本人が希望すれば65歳まで働けるとはいうものの、60歳で一度定年退職し、その後は契約社員などとして継続雇用する仕組みの企業が約8割を占める（厚生労働省「平成29年就労条件総合調査」）。

60歳で退職金というまとまったお金を受け取り、これを自分で管理する必要があること、継続雇用では給与がそれまでよりも下がる傾向が強いこと。プランを立てるにはこの2つがポイントとなる。

ところが、せっかく受け取った退職金を不慣れな投資で減らしたり、下がった給与を補うために取り崩したり、残っていた住宅ローンの一括返済でほぼ使ってしまったりする人もいる。65歳からの年金生活に影響するから注意したい。

65歳まで働く場合の理想的なマネープランは、60代前半の生活費は継続雇用の収入でやり繰りし、退職金は温存しておくというもの。65歳になれば満額の公的年金を受け取れる。退職金を取り崩すのは、65歳以降に年金だけではどうしても生活費が足りないときや、自宅のリフォームなど大きな支出が必要なときだけにしたい。一部を投資に振り向ける場合は、手持ちの資産残高や65歳以降の年金生活の収支を確認し、投資額やタイミングを慎重に検討することだ。

では、70歳まで働く場合は、どうすればいいだろうか。

2021年4月からの「70歳までの就業機会確保」では、定年廃止、定年引き上げ、継続雇用制度の導入に加えて、フリーランスや起業を選んだ人に業務委託することも付け加えられた。70歳まで働く方法にはいくつかのパターンが考えられる。どのような制度設計にするかは企業に委ねられているから、勤務先の動向を確認したい。

どのパターンであっても現時点で50代の人が取れる対策には、どんなものがあるだろうか。

実は、引退が65歳でも70歳でも、老後を見据えたプランの基本的な考え方は変わらない。現役時代は収入の範囲内で生活し、貯蓄や退職金を取り崩さないことが大原則。そのうえで、もう少し詳細に50代からの対策を紹介したい。

50歳になったら必ず確認したいことが5つある。
①公的年金の見込み額
②退職金・企業年金など就労以外の収入
③今後の大きな支出（教育費、住宅ローンの残高）
④現在の資産残高
⑤年間の家計支出

①の「公的年金の見込み額」は、毎年誕生月に日本年金機構から受け取る「ねんきん定期便」に記載されている。50歳未満とは異なり、50歳以上になると、今の収入で60歳まで働いた場合の公的年金の見込み額が記載されるようになる。

②の「退職金・企業年金など就労以外の収入」を知らない人は多い。退職金と企業年金を合わせて退職給付といい、日本では8割の企業に制度がある。通常は就業規則や賃金規定に記載されている。70歳までの就業機会確保を導入する際には、それに合わせて退職給付も変更される可能性が高い。

③の「今後の大きな支出」は家族構成などにより異なる。子どもがいる家庭ならあといくら教育費の支出があるか、住宅ローンを抱えているならばその残高を確認したい。

④の「現在の資産残高」と5の「年間の家計収支」はざっくりでいいので計算してほしい。

この5つで、老後生活にどれくらい余裕があるかを判断できる。

①の「公的年金の見込み額」と、⑤の「年間の家計収支」を比べてみよう。公的年金で生活は成り立つだろうか？　とくに子どもがいる50代の世帯では支出が膨らんでいるケースが多いから、今の家計と比べると、無理だと思うかもしれない。夫婦の年金を合算したらどうだろうか？　企業年金や個人年金がある人はこれも合算できる。

さらに、子どもが自立して教育費がなくなる、住宅ローンが終わるなど支出が減ったらどうだろう。それでも生活費が足りないなら、退職金や資産を取り崩すしかない。仮に毎月5万円、年間で60万円足りないなら、70歳から95歳までの25年では単純計算で1500万円の資産が必要になる。19年に話題となった老後資金2000万円も、この計算式で出した数字だ。

こうして試算してみると、老後資金の目安がわかり、「節約して貯蓄を増やしておこう」とか「65歳で退職しようと思っていたが、70歳まで働けるなら働こう」と考える人もいるだろう。

50代から目安を立てる

そして、70歳まで働くことを前提とすることで、次のような選択肢が生まれる。

公的年金は原則65歳から受け取れる。公的年金をもらい給与との合計が月額47万円を超えると、「在職老齢年金」の扱いとなり厚生年金の一部が支給停止になる。年金が減らされてしまうのだ。60代後半も高収入を目指す人は、フリーランスを選べば在職老齢年金の対象から外れ、年金の支給停止もなくなる。

公的年金の受給そのものを70歳まで繰り下げる選択もある。

公的年金は1カ月単位で繰り上げや繰り下げができる。現行では60歳までの繰り上げ、70歳までの繰り下げが可能。70歳まで繰り下げると、65歳からもらうよりも42%増える。これにより年金生活の収支が改善し、取り崩す退職金や資産が少なくて済む、あるいは取り崩さずに済む人も出てくるだろう。

■ 公的年金の繰り上げ、繰り下げによる受給額の違い

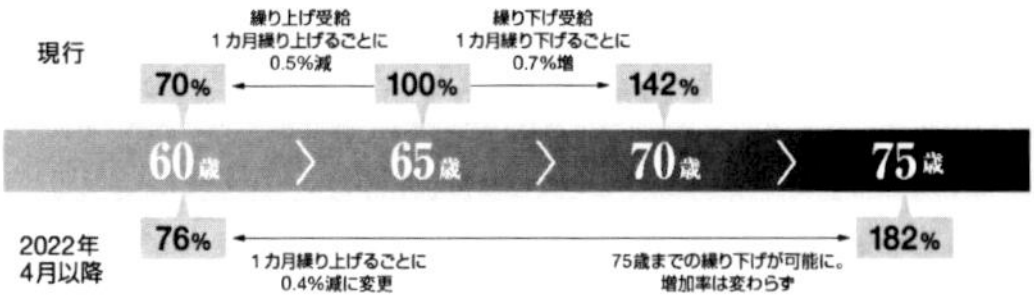

ただし注意点は、年金額が増えると、税金や社会保険料も高くなることだ。現役時代の給与と同じように公的年金からも税金や社会保険料が引かれる。また、20年以上厚生年金に加入した人で年下の配偶者がいると、配偶者が65歳になるまで年間約40万円の加給年金をもらえるが、条件は公的年金の受け取り開始なので、繰り下げ期間中はもらえない。

とはいえ、公的年金額が年間240万円の人なら42％は約100万円。手取りはこれより少なくても、繰り下げの効果は高い。

実際にどのような選択をするかはそのときに判断するとしても、50代から目安を立てておくことが、有利な選択につながるだろう。

坂本綾子（さかもと・あやこ）
大学卒業後、取材記者を経て、ファイナンシャルプランナー坂本綾子事務所設立。生活者向けの家計相談やセミナーを行う。著書に『まだ間に合う！50歳からのお金の基本』など。

経験と人脈を生かす

リスク抑えるシニア起業

長く働き続けるうえでは、会社から離れて起業することも選択肢となる。しかし起業には元手が必要で、失敗して老後資金を失うリスクもある。そこで重要なのが「ビジネス選び」。土地勘のないビジネスに挑むのはリスクが高い。そう判断し、過去の経験に新たなノウハウを組み合わせたのが、金子信洋さん（60）だ。

30年以上勤めたIT企業を早期退職し、2018年に企業向けのドローン導入支援を手がけるドローン・アイティーを設立（法人化は19年）。ゴルフ場の芝の状況を確認し、農薬を散布したり、工務店向けに建物の壁面の点検をしたりと、遠赤外線カメラやAI（人工知能）を用いた画像解析ソフトなどを組み合わせた活用法を提案する。

前職では主に企業の基幹システム構築を手がけた。退職前に新規事業の開発に関わった際、ドローンの可能性に着目。「ITを組み合わせたソリューション提供なら、経験を生かせる」と考えた。

ドローンの操縦技術や基礎知識は、JUIDA（日本UAS産業振興協議会）が運営するスクールに通って習得。事業を立ち上げると同時に、企業のドローン管理者を育てるJUIDA認定スクールも開校した。スクール運営については、前職の先輩に相談して協力を得ている。「当初は1人で運営する予定だったが、限界がある。得意な人の力を借りたほうがいい」（金子さん）と語る。

開業費はドローン購入費とスクール開校費などで計約300万円。法人化する際の登録免許税が半減する地元横浜市の「特定創業支援等事業」を活用し、スクール会場にバッティングセンターを借りたりして、その他の出費を抑えた。

初年度は8社の顧客を獲得。年商は2000万円弱と出だしは順調だ。「事業を伸ばしたいが年齢もあるし、無理はしない。身の丈に合わせて取り組む」と語る。

約400万円で事業買収

既存事業を買い取る「個人M&A」もリスクを抑えた起業手段になりうる。これを活用したのが、山下耕三さん(仮名・50代半ば)。ソフトウェア会社や自動車メーカーなど数社を経て、50代で機械工具メーカーで働いていた頃、早期退職を検討。書籍で個人M&Aの手法を知った。「事業をゼロから始めるよりリスクが低いと考えた」(山下さん)。

M&A仲介サイト「トランビ」で見つけたのが、都内にあるフランチャイズ(FC)加盟のパソコン教室。会社員や高齢者など約100人の生徒がいたが、経営不振に陥り、売りに出されていた。

「ただ、このFCは独自に開発したレッスンを自由に行えた。ソフトウェア企業での経験を生かせば経営を立て直せるのではと、買収を決めた」(山下さん)。買収金額約400万円は「会計士に相談し、前年度の売り上げや機器類などの資産などを含め算出した」という。教室の営業権に加え、生徒やパソコンなどの機器類も引き継いだ。

20年の買収直後に新型コロナウイルスが発生し、生徒が半分近く減ったが、「オンライン講座やオリジナル講座などを開発。すでにお客様がいるので、新講座のニーズがつかみやすい」と巻き返しを図る。

正しい箸使いを教える

一方、これまでの仕事を一分野に特化し、個性を打ち出しているのが、平沼芳彩さん（62）だ。選んだ分野は「箸」だった。

平沼さんは12年前、孫の誕生をきっかけに営業職を辞め、礼法を学び始めた。やがて和文化の講師として活動を始めたが、先輩講師は数多くいる。そこで自分にしかできないことを探し求めた。

「もともと孫相手に箸使いを教えたり、箸講座を開いたりしていた。日本人は箸に始まって箸に終わる。その割に専門的に教える人がほとんどいなかった」（平沼さん）

18年にNPO法人「みんなのお箸プロジェクト」を設立。「子供たちに正しい箸使いを」をモットーに、親や保育士など向けに箸の使い方や文化に関する講習、箸作りのワークショップを始めた。

横浜市戸塚区の「とつか区民の夢プロジェクト補助金」やパルシステム神奈川の「市民活動応援プログラム」などで約50万円を調達し、パンフレットを制作。メディア露出を狙い、県の「かながわシニア起業家ビジネスグランプリ」に応募するとベストプラン賞を受賞。これで認知度が上がった。

現在は全国の自治体などから講習の依頼が来ており、講師育成に力を入れる。ただ「『講習は不要。ワークショップだけやりたい』という依頼はコンセプトから外れるので断っている。やりたいことだけできるのがシニア起業の長所」（平沼さん）という。

正会員と参画会員が計15人おり、シニア男性が大半を占めるが、「前職を引きずっている人」には参加を断ることも。「前職が社長でも定年退職したらただの社会の一員」。また、儲け度外視のスタンスなので、利益至上主義の人は向こうから離れていくという。方向性を明確にすることで、人的トラブルのリスクを回避している。

ビジネスの方法は三者三様だが、共通するのは借金をしていないこと。小資金でも知恵を絞れば、自分で事業をつくり出せる。

（オフィス解体新書・杉山直隆）

シニアの求人ここにあり

70歳定年時代とはいえ、同じ職場で働き続けるだけが選択肢ではない。社外で働き続けたい場合、どんな道があるのか。多くのシニアの仕事をあっせんしてきた派遣会社の仕事を見てみよう。

■ **正社員は減り、多様な雇用関係に**
―シニアの主な雇用形態―

正社員	**契約期間に定めがなく、フルタイムで働く社員** 高齢になるほど、正社員で雇用されるハードルは高くなる
契約社員	**雇用期間があらかじめ定められている社員** 1回当たりの契約期間の上限は、通常3年。契約期間が通算5年を超えた場合、労働者の申し出によって契約期間の定めがない無期労働契約に転換できる。ただし高齢者に関しては、第2定年を設けるなどの特例がある
パートタイム労働者	**1週間の所定労働時間が、正社員より短い労働者** パートタイム労働法では「短時間労働者」という。アルバイト、パートの名称に関係なく、勤務時間が短ければパートタイム労働者
派遣社員	**派遣会社と労働契約を結んだうえで、派遣会社が労働派遣契約を結んでいる会社で働くスタイルの労働者** 派遣先ではなく、派遣会社の指揮命令に従って働くことが特徴。同じ職場・部署で派遣社員として働けるのは最長3年という「3年ルール」がある。それ以上雇用したい場合は直接雇用になる。ただし高齢者には「3年ルール」は適用されない
業務請負契約	**もともと働いていた会社や取引先などの業務を請け負う。定年退職したシニアの典型的な独立・起業スタイル** 請け負った仕事を完成することで報酬が支払われる。注文主の指揮命令を受けない「事業主」なので、労働法による保護はない。もちろん、業務請負会社で労働者として働いている場合は労働法が適用される

(出所)各種資料を基に筆者作成

高齢者に対する先入観

高齢社はシニア専門の人材派遣の草分けだ。設立は2000年。東京ガスOBによるシニアベンチャーとして誕生した。

登録スタッフ約1000人。就労率は約4割。平均年齢は70・9歳。売り上げは15年の5億円弱から19年の7億円へと順調に伸びている。「それでも67歳とか70歳といった履歴書を持っていくと、『大丈夫?』と不安がる派遣先は少なくない。こうした先入観をなくすことが仕事を広げるポイント」と同社の緒形憲社長は話す。

当初の登録スタッフは東京ガスのOBで、東京ガスの関連会社への派遣が中心だった。修理などの受け付け業務、設備の点検をはじめ、ガスの知識や経験、資格が不可欠な仕事が多く需要は高かった。現在はそれ以外の企業が3~4割を占めるようになった。

例えば早朝から深夜まで営業しているレンタカー会社。受け付けから配車までの業務を早朝だけ担当する。また修理などの間、駐車違反対策で助手席に座る運転補助も学生アルバイトを雇うほうが安いが、シニアが好まれる。停車中に周りから何か言われても、きちんと対応できるからだ。

一方、経理と財務に特化し、シニアの活躍の場を広げているのはシニア経理財務だ。設立は13年。中小企業を中心に、約60社に派遣している。

「新聞に経理募集の広告を出すと、すぐに80人くらいの応募があった。書類選考と面接で25人に絞ってのスタートだった」と富澤一利副会長。銀行を早期退職してホテル、不動産会社で働き、経理・財務の腕を磨いたという。

派遣先を開拓するのは約100人の税理士。「経理担当者が産休でいなくなる」といった顧問先の困り事を知っているからだ。手形・小切手業務、原価計算、消費税申告業務など、「スキルシート」で自分ができる業務をチェックしてもらい、時給を決める。

求められるのは経理・財務の知識や経験で、年齢を問われることはない。週数日だけ働きたいシニアと毎日来るほどの仕事量はない中小企業との相性はいいという。

第二の人生のサポート

勤務先の用意したレールが社外にも広がったケースもある。2002年に設立されたヤマト・スタッフ・サプライの尾崎幸嗣社長は、「OBのやりがいのある職場の提供、地域の課題解決、ヤマトグループの課題解決の3つの切り口で展開している」と話す。フルタイム、パートタイムを問わず65歳になると、まず派遣スタッフとして登録。本人の希望を聞きながら、例えば軽い荷物の仕分けの担当にするなど現場は配慮して受け入れる。現在はOBでない一般人も登録することができる。

「もう少し運転したい」「独立したい」という人には、軽貨物フランチャイズ（加盟金無料）で独立する道も用意。リースやローンを組む際のサポートもする。病院や介護施設、企業などの送迎サービス事業も手がけ、ドライバーとして活躍する道も用意した。サービス介助士の資格が必要な人は同社負担で取得できる。

宅配ロッカーやカーシェアリング車両の清掃、また全国津々浦々にスタッフがいることに着目した地域限定、全国規模の仕事も舞い込む。派遣で働く人が、空いた時間に業務請負の仕事をしても構わないという。

東京しごと財団が運営する「東京しごとセンター」には、人材紹介会社に登録しても仕事が見つかりにくい人が多く訪れる。希望職種と求人とのギャップが多く見受けられるが、「何のために仕事をするか、どの程度働きたいか、家計も含め自己分析できている人は早く就職できる」と担当者は話す。

「週2日くらい働きたい」「培った経験を若者に伝えたい」「専門性を生かしてまだまだバリバリフルタイムで働きたい」……。体力、知力、経験、考え方、能力などが人によって異なるシニアの望む働き方は多様だが、ニーズに合った働き方は徐々に広がっている。


（ライター・竹内三保子）

会社員時代のスキルを生かせれば高報酬も
—中高年の仕事マトリックス—

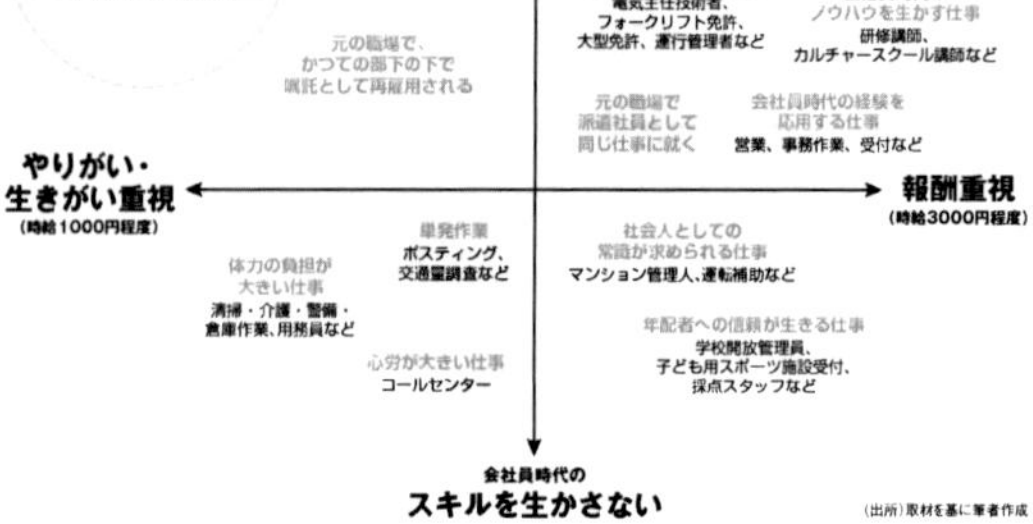

(出所)取材を基に筆者作成

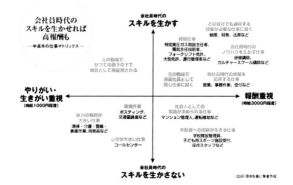

再出発のための学び直し

シニアになっても第一線で活躍し続けるには、社外でも通用する能力を磨くことが不可欠。その際に有効なのが、大学などでもう一度学び直すことだ。

ただし大きな障壁になるのが、高額な学費と通学時間の捻出である。内閣府の調査でも、大学などで学びやすい環境を整えるため、「経済的支援」「開講時間の配慮」が必要との声が多く上がった。

そこで着目したいのが、「職業実践力育成プログラム」（ＢＰ）。企業との連携やグループワークの充実など、社会人が実践的・専門的に学べる正規課程と「履修証明プログラム」を文部科学相が認定するものだ。週末・夜間の開講や短期集中講義、ＩＴ活用など、社会人が受講しやすい工夫が施されているかが認定の要件となっている。

2019年度までにBPに認定されたプログラム数は、短大や高専も含めると298課程に及ぶ。

なお「履修証明プログラム」とは社会人を受講対象とし、あるテーマについて体系的に編成された教育プログラム（授業時間数は60時間以上）。正規課程ではなく学位は取得できないが、修了者には履修証明書が交付される。

さらにBPの中でも、厚生労働相が「専門実践教育訓練指定講座」に指定したプログラムについては、受講費用の50％（上限年間40万円）が6カ月ごとに支給される。また「特定一般教育訓練指定講座」に指定したプログラムでは、受講費用の40％（上限40万円）が受講終了後に支給される。

つまり、これらの制度に認定されているプログラムを受講すれば、「お金」と「時間」という2つの課題が大きく解消されるわけだ。こうしたBPや教育訓練指定講座の対象となっているプログラムは、社会人向けの学び直し総合情報検索サイト「マナパス」で調べることができる。

多様なプログラムを認定

実際にBPのうち教育訓練指定講座にも指定されているプログラムを見ると、正規課程については、一橋大学大学院法学研究科ビジネスロー専攻、法政大学大学院政策創造研究科政策創造専攻など、ビジネスローやMBA、政策策定に関するものが多い。また医療・看護関係のプログラムも目立つ。

一方、履修証明プログラムでは、上智大学の「グリーフケア人材養成課程」など、より独自性のある実践的なプログラムが多いのが特徴だ。関西学院大学の「ハッピーキャリアプログラム」など、女性のキャリア支援に関するプログラムも設置されている。

関西大学では、「海外子会社の経営を担う人材を養成する大学院教育プログラム」を開設している。

「企業にヒアリングを行ったところ、海外の子会社で駐在員としてマネジメント業務に携われる人材の育成や確保に苦労しているという声が多かったため、開設するこ

とにした」（関西大学事務グループ社会人学び直しチーム）

カリキュラムは、海外子会社での人事労務政策や、コンプライアンス体制などの実践的な科目のほか、海外での生活におけるストレスマネジメント、東南アジア諸国の宗教や文化についての科目など、幅広い内容で構成される。

■公的支援で受講費負担が軽減
―BP認定を受けた主な履修証明プログラム―

大学名	課程名	受講時間	受講料の目安
青山学院大学	ワークショップデザイナー育成プログラム	144時間	18万円
社会情報大学院大学	実務家教員養成課程	61時間	31万3500円
上智大学	グリーフケア人材養成課程	30単位	入学金： 2万円 初年度受講料：24万円 2年度受講料：24万円
明治大学	女性のためのスマートキャリアプログラム	180時間	昼間コース：12.8万円 夜間・土曜主コース：15.8万円
早稲田大学	21世紀のリーダーシップ開発	120時間	55万円
名古屋大学	車載組込みシステムコース	120～146時間	40万円
豊橋技術科学大学	最先端植物工場マネージャー育成プログラム	469時間	基本は15万円だが、農林水産業従事者は8万円など、在住・在勤地域、職業等により異なる
関西大学	海外子会社の経営を担う人材を養成する大学院教育プログラム	162時間	30万円
関西学院大学	ハッピーキャリアプログラム 女性のキャリアアップ・起業コース	16単位＋28時間	24.2万円

（出所）筆者調べ

人生のビジョンを再設定

社会情報大学院大学では、「実務家教員養成課程」が開設されている。実務家教員とは、企業などで働いてきた実務経験を生かして大学などで授業を行う教員のこと。今後リカレント教育が拡充すれば人材の不足が予想される。同大学では東京、名古屋、大阪、福岡の4カ所で養成課程を開講した。

「授業では、まずこれまでの自身の実務経験を棚卸ししてもらったうえで、その経験が既存の学問体系の中にどう位置づけられるか、実践と理論の融合を図る。そのうえで研究論文や授業計画書の書き方、授業の進め方や指導法などを学び、最後は実際に学生の前で模擬授業をやってもらう」（社会情報大学院大学教授・川山竜二氏）

受講者は20代から60代まで幅広く、職種や業種にも偏りはないという。大学などで教員になることをセカンドキャリアの目標にしている人にとっては、魅力的なプログラムといえるだろう。

一方、多摩大学は社会人向けのスクール「ライフシフト大学」を運営しているライフシフト社と連携し、21年度より履修証明プログラムを開始する予定だ。

同社は多摩大学教授の徳岡晃一郎氏が設立した会社。ライフシフト大学の佐々木弘明学長は、「仕事人生のゴールを80歳に描き直す必要が出てきた中で、キャリアをこれまでの延長線ではなく、人生のビジョンや志を再設定したうえで、その実現に向けた『変身資産』を受講生に築いてもらうことを目指す」と語る。「変身資産」とは、変化に対応するためのマインドや知識のことだ。

授業では、まず「基礎コース」で自己の市場価値や変身資産を知り、今後のビジョンを設定。そのうえで「専門プロフェッショナルコース」において、過去に獲得してきた知の再武装や市場価値の向上、自己の人生をデザインする力を身に付けるための科目が用意されている。「21年度から多摩大学のBPにも認定される見込み」（佐々木氏）だという。

社会人が大学で学び直しやすい環境が今、急速に整いつつある。

（ライター・長谷川　敦）

INTERVIEW

「残り50年は豊穣なる下山　濁世にも生き方がある」

作家・五木寛之

「定年」の文字が消え、「生涯現役」も夢の話ではなくなりつつある。そんな時代を生き抜くすべとは何か。88歳の作家・五木寛之氏に聞いた。

――『大河の一滴』など、いま五木さんの作品が多くの人に支持されています。

昔から「五木は暗い」と言われてきたんです。ネガティブシンキングですから。『大河の一滴』『下山の思想』を書いたときも、そうでした。日本はもう1回、頂上を目指さなければならない。そんなときに「下山とは何事だ」とね。

僕にとっては登山の過程より、下山の過程のほうが面白い。文明というのは、下山の過程で成熟するものだと考えているためです。

世の中というのは、不合理で、矛盾していて、努力しても必ずしも報われるとは限らない。そういうことが積み重なっていく不条理な状態をブッダは「苦」と表現しました。

「苦」というのは苦しいのではなく、思ったとおりにいかないということ。不条理という言葉がぴったりなんです。人生は不条理なものだと。その中で何とか生きていくためにはどうすればいいのかということを、論理的に教えたのがブッダという人物でした。

宗教というより、哲学、思想といったらいいでしょうか。人生は苦であるか、楽であるか。両方あるのが普通でしょうけど、少なくとも仏教の根底は、マイナス思考から出発するのです。

普段なら表面に覆い隠されている下山や苦、不条理……。僕たちはそういうものを見ないで生きている。それがコロナ禍の時代にあらわになってきた、見えるというか、「何だ。これは?」と気づいたということでしょう。

――定年も下山のイメージです。

冗談じゃなくて、ひょっとしたら100年生きる可能性がある時代だから、50歳でもあと50年の人生が残る。これがすごく意味を持つのは、これまでの文化、文明は、ほとんど50年で完結するようにつくられているからです。

50年から先の50年の下山の音楽、下山の小説、下山の哲学、下山のカルチャーというものが世の中にない。これからこの国も僕たちもゆっくりと下山していくことだけは、疑いようがない。下山の思想が必要になってくるのです。

豊穣なる下山というか、少なくとも50歳以後、みじめったらしい、寂しい生き方ではなく、何とかそれなりに、「下山もまた楽し」と考える。山を登るとき、爪先に体重をかけるけど、下山のときはかかとで踏みしめて進まないといけない。そして、向かい風と追い風。それぞれの状況で歩き方が違うわけだ。少なくとも50年で終わるという人生が、倍続くとなると、根底から考え直さなきゃいけないんじゃないか。

要求水準を最低線に

――とくに心がけることは？

かつて3Kという言葉が流行しました。きつい、汚い、危険。高齢化社会でいえば、金と体（健康）と心が3Kでしょう。健康への意識はみんな高いです。高齢になるにつれ、100％体力は落ちていく。そこをどうカバー、コントロールしていくか。お金も大事なのですが、3Kの中でも、とくに問題なのは心です。人間が年を取っていくことはたいへんなことなんです。立ち上がったり、動いたりする一挙一動に、大変さが積み重なってくる。50歳までの成長期なら、将来になすべき仕事、夢、希望があるわけですが、その後の50年は死へ向かって歩いていく過程なのですから。

大事なのは、世の中に要求する水準をいちばん低いところへ持っていくこと。「世の中はそもそも間違っている」と思っていると、思いがけず、ちょっとしたことで感激や喜びがあります。

現実に僕は意識の水準をそこに置くから、暗いと言われるんだ（笑）。このあいだ、タクシーの中に携帯電話を忘れたんですよ。出てこないと思っていたが、領収書があったから、試しに問い合わせたら、戻ってきた。感激しました。「ちゃんと戻ってきて当たり前だ」と思い込んでいたら、感謝することもなかったはずです。

人間の一生というのはつらいことの連続です。そう思っていると、違うことに触れたときの喜びが大きい。虚無的というのか、不条理を肯定する。ブッダが言う「苦から出発する」「人が生きることは苦だ」「人間の世界は苦の世界だ」という考え方は、非常に合理的なのです。

――『大河の一滴』にもそういう思想が貫かれています。

僕は敗戦の年から、ずっと同じ考え方なんです。あの価値変動の中で、国も政府も全部ひっくるめて、すべて信用できない。同じ国民であっても、獣のように物を奪い合って生きているという現実を見てしまった人間ですから……。そこから一歩も進んでいない。

12～13歳のころに北朝鮮からの引き揚げの中で、見てはならないものを見てしまった。その体験の後遺症が抜けず、いつもその瞬間に戻ってしまう。

講演の旅先で、駅前のビジネスホテルに泊まらされることがあります。「何だ、こんな狭い部屋」と一瞬思っても、よく見ると、シーツは新しいし、小さいながらテレビも置いてあって、空間もそれなりにある。

昭和20年の敗戦、引き揚げてきたときの難民生活に比べれば天国ですよ。そう思うと「ありがたい」という気持ちにパッと切り替えることができる。「上等じゃないか」と。万事につけてそんなふうですから、最低の体験を基準に持つのは、ものすごく幸せなのです。

中国の大河で言えば、つねに真っ黄色で、濁っていて、めったに澄むことはない。それでも河が濁っていると嘆いてもしょうがない。濁った大河の中でも、自分の足ぐらいは洗えるだろうという発想を持ちたい。「河は濁っている」というのが基本的な考え方です。

――コロナ禍の後遺症は50～100年続くと指摘しています。

大きなパラダイムシフトが起きるでしょう。昔のスペイン風邪に比べれば、日本の被害は少ないけれど、文化への影響、人々の精神的な影響ははるかに大きい。敗戦以来の大きさだと思っています。よい、悪いというよりは、受け止めるしかない。歴史はそうやってずっと動いてきました。

『大河の一滴』の中にも書きましたが、僕たちはその時代の現象、流れに適応して生きていくしかない。泣き言を言わずに1人でいても、みんなとつながる方法を探していけばいいのです。

（聞き手・堀川美行、山本舞衣）

【週刊東洋経済】

五木寛之（いつき・ひろゆき）

1932年生まれ。作詞家、ルポライターなどを経て、1966年『さらばモスクワ愚連隊』で小説現代新人賞、67年『蒼ざめた馬を見よ』で直木賞、76年『青春の門 筑豊篇』ほかで吉川英治文学賞受賞。『大河の一滴』、長篇『親鸞』など著書多数。

本書は、東洋経済新報社『週刊東洋経済』2020年10月17日号より抜粋、加筆修正のうえ制作しています。この記事が完全収録された底本をはじめ、雑誌バックナンバーは小社ホームページからもお求めいただけます。

小社では、『週刊東洋経済eビジネス新書』シリーズをはじめ、このほかにも多数の電子書籍ラインナップをそろえております。ぜひストアにて「東洋経済」で検索してみてください。

『週刊東洋経済eビジネス新書』シリーズ

No.330 決算書&ファイナンス入門
No.331 介護大全
No.332 ビジネスに効く健康法
No.333 新幹線 vs. エアライン
No.334 日本史における天皇

No.335　ＥＣ覇権バトル
No.336　検証！　ＮＨＫの正体
No.337　強い理系大学
No.338　世界史&宗教のツボ
No.339　ＭＡＲＣＨ大解剖
No.340　病院が壊れる
No.341　就職氷河期を救え！
No.342　衝撃！　住めない街
No.343　クスリの罠・医療の闇
No.344　船・港　海の経済学
No.345　資産運用マニュアル
No.346　マンションのリアル
No.347　三菱今昔　１５０年目の名門財閥
No.348　民法&労働法　大改正

No.349　アクティビスト　牙むく株主
No.350　名門大学　シン・序列
No.351　電機の試練
No.352　コロナ時代の不動産
No.353　変わり始めた銀行
No.354　脱炭素　待ったなし
No.355　独習　教養をみがく
No.356　鉄道・航空の惨状
No.357　がん治療の正解
No.358　事業承継　M&A
No.359　テスラの実力

週刊東洋経済eビジネス新書　No.360
定年消滅

【本誌（底本）】
編集局　堀川美行、許斐健太、野中大樹、野村明弘
デザイン　熊谷直美、佐藤優子、杉山未記
進行管理　下村　恵
発行日　２０２０年１０月１７日

【電子版】
編集制作　塚田由紀夫、長谷川　隆
デザイン　市川和代
制作協力　丸井工文社
発行日　２０２１年５月２０日　Ver.1

発行所　〒103-8345
東京都中央区日本橋本石町1-2-1
東洋経済新報社
電話　東洋経済コールセンター
03（6386）1040
https://toyokeizai.net/
発行人　駒橋憲一

電子書籍化に際しては、仕様上の都合などにより適宜編集を加えています。登場人物に関する情報、価格、為替レートなどは、特に記載のない限り底本編集当時のものです。一部の漢字を簡易慣用字体やかなで表記している場合があります。本書は縦書きでレイアウトしています。ご覧になる機種により表示に差が生じることがあります。

本書に掲載している記事、写真、図表、データ等は、著作権法や不正競争防止法をはじめとする各種法律で保護されています。当社の許諾を得ることなく、本誌の全部または一部を、複製、翻案、公衆送信する等の利用はできません。

もしこれらに違反した場合、たとえそれが軽微な利用であったとしても、当社の利益を不当に害する行為として損害賠償その他の法的措置を講ずることがありますのでご注意ください。本誌の利用をご希望の場合は、事前に当社（TEL：03-6386-1040もしくは当社ホームページの「転載申請入力フォーム」）までお問い合わせください。

※本刊行物は、電子書籍版に基づいてプリントオンデマンド版として作成されたものです。